COMT0008 (COMT066PO)

COMERCIO EN INTERNET. OPTIMIZACIÓN DE RECURSOS

COMT0008 (COMT066PO)

COMERCIO EN INTERNET. OPTIMIZACIÓN DE RECURSOS

Beatriz Coronado García

La ley prohíbe
fotocopiar este libro

COMT0008 (COMT066PO) - COMERCIO EN INTERNET. OPTIMIZACIÓN
DE RECURSOS Thema: LNCB2 Comercio electrónico
Bisac: COM060140
© Beatriz Coronado García
© De la edición: Ra-Ma 2024

Editado por:
RA-MA Editorial
Calle Jarama, 3A, Polígono Industrial Igarsa
28860 PARACUELLOS DE JARAMA, Madrid
Teléfono: 91 658 42 80
Fax: 91 662 81 39
Correo electrónico: info@grupoeditorialrama.com
Internet: www.ra-ma.es y www.ra-ma.com
ISBN impreso: 979-13-87642-02-0
Depósito legal: M-27826-2024
Maquetación: Antonio García Tomé
Diseño de portada: Antonio García Tomé
Filmación e impresión: Safekat
Impreso en España en diciembre de 2024

A mis abuelos, que con su vida transformaron momentos en eternidad y palabras en legado.

Índice

Acerca de la autora

Beatriz Coronado García

Máster en Prevención de Riesgos Laborales (3 especialidades) por la Universidad Francisco de Vitoria (2020-2021). Intensivo de experto en desarrollo de aplicaciones web por la Universidad San Jorge–SEAS (2021-2022). Grado en Sociología por la Universidad Rey Juan Carlos (2013-2017).

Profesional autónoma especializada en la gestión de proyectos editoriales y desarrollo de contenido formativo, con experiencia en tecnologías educativas y desarrollo web. Actualmente, trabaja con varias editoriales. Tiene experiencia en la utilización de diversas IA en el entorno laboral: ChatGPT 4.0, Copilot, Perplexity, Gemini y Midjourney, así como en el manejo de Microsoft 365 Business Standard. Además, cuenta con amplios conocimientos en lenguajes de programación como HTML5, CSS3 y JavaScript, y en sistemas de gestión de contenidos como WordPress.

Contacto

Introducción

El comercio en internet ha transformado los mercados globales y ha democratizado el acceso a herramientas y estrategias que antes estaban reservadas a grandes corporaciones. Hoy en día, pequeñas y medianas empresas tienen la oportunidad de competir en igualdad de condiciones gracias a la tecnología digital, adaptando sus operaciones a un entorno en constante evolución. Este modelo ha permitido la aparición de negocios totalmente virtuales, la globalización de productos locales y la optimización de procesos como la logística, la atención al cliente y la promoción.

Uno de los cambios más significativos es el papel central que juega la Web 2.0 en este ecosistema. Ya no se trata solo de presentar productos o servicios, sino de crear experiencias interactivas y personalizadas que atraigan y fidelicen clientes. Desde el uso de redes sociales para fortalecer la imagen de marca hasta la incorporación de inteligencia artificial para analizar tendencias de consumo, el comercio digital combina creatividad y tecnología para maximizar resultados.

Por otro lado, el comercio en línea ofrece la posibilidad de integrar herramientas avanzadas como cloud computing para gestionar recursos de forma más económica y flexible, o modelos como el pago por uso, que reducen significativamente las barreras de entrada. Además, la implementación de estrategias de banca electrónica y métodos de pago digitales y mejora la comodidad del cliente y simplifica las operaciones para las empresas.

En un mercado digitalizado, la capacidad de adaptación y aprendizaje continuo es un activo esencial. Dominar conceptos como el marketing 2.0, el uso eficiente de la publicidad en buscadores o el análisis de datos permite atraer clientes y entender mejor sus necesidades. En paralelo, la gestión de la reputación online y la resolución de crisis digitales se han convertido en habilidades estratégicas para cualquier negocio que desee prosperar en internet.

En este curso, exploraremos cómo estas herramientas y conceptos pueden ser aplicados para maximizar los beneficios del comercio electrónico. Desde la digitalización empresarial y la gestión del tiempo hasta la creación de ingresos a través de modelos innovadores.

VISIÓN GENERAL DEL CONTENIDO

El manual se divide en cuatro módulos principales, cada uno abordando diferentes aspectos y aplicaciones del comercio en internet y la optimización de recursos:

▶ **Módulo 1: minimización de costes en el comercio en internet**

En este módulo aprenderás a optimizar recursos en un contexto de transformación digital. Este incluye desde el entendimiento de la Web 2.0 y su impacto en el mundo empresarial, hasta la implementación de herramientas como la banca electrónica, software libre, comunicaciones avanzadas (como VoIP y videoconferencias) y estrategias para una atención al cliente efectiva en línea.

◤ Módulo 2: aumento de los posibles clientes (marketing 2.0)

Este módulo se centra en el aumento de clientes mediante el marketing 2.0. Aquí se abarcan técnicas como el posicionamiento SEO y SEM, email marketing, y el uso de plataformas comerciales y redes publicitarias, adaptando métodos tradicionales de marketing al entorno digital.

◤ Módulo 3: presencia en las redes sociales

En este módulo el enfoque pasa a las redes sociales como herramienta clave para conectar con la audiencia. Aprenderás a crear un plan de marketing social, gestionar blogs, microblogs y redes sociales, implementar estrategias de marketing viral, monitorizar la reputación de la marca y manejar crisis digitales.

◤ Módulo 4: creación de ingresos (comercio electrónico)

Este módulo aborda la creación de ingresos a través del comercio electrónico. Se explorará desde los modelos de tienda virtual hasta los métodos de pago en línea y móviles, pasando por la gestión de aspectos legales y la protección de datos. Este módulo garantiza que adquieras el conocimiento necesario para establecer una tienda virtual sólida y adaptada a las necesidades actuales.

Este manual está diseñado para ser una herramienta de aprendizaje accesible y práctica, adecuada tanto para principiantes como para aquellas personas con conocimientos previos sobre comercio en internet y optimización de recursos. A lo largo del texto, se incluyen anotaciones, ejemplos prácticos y trucos que facilitarán la comprensión y aplicación de los conceptos presentados.

1

Minimización de costes en el comercio en internet

1.1 CONOCIMIENTO ACERCA DE LA WEB 2.0 + MUNDO ONLINE

La Web 2.0 representa una evolución significativa respecto a la primera generación de internet. Mientras que la Web 1.0 se centraba en sitios estáticos donde los usuarios consumían información de forma pasiva, la Web 2.0 introdujo una dimensión interactiva y colaborativa. En este nuevo paradigma, los usuarios no solo consumen contenidos, sino que los generan, los comparten y los modifican, transformándose en protagonistas del ecosistema digital.

Para entender el impacto de la Web 2.0, basta con observar ejemplos concretos como Wikipedia, donde cualquier usuario puede editar artículos y contribuir al conocimiento colectivo, o YouTube, una plataforma donde creadores de todo el mundo comparten vídeos que pueden ser comentados, valorados y recomendados por otros usuarios. Además, las redes sociales como Facebook, Twitter o Instagram son pilares fundamentales de la Web 2.0, permitiendo una interacción constante y masiva entre personas, marcas e instituciones.

¿En qué se diferencia esta web interactiva del modelo tradicional? Una comparación clara sería imaginar la Web 1.0 como un periódico impreso, donde los lectores solo pueden informarse, mientras que la Web 2.0 sería un grupo de debate dinámico, donde cada persona puede aportar, replicar y compartir ideas en tiempo real.

Web 1.0 vs Web 2.0

Características principales

ASPECTO	WEB 1.0	WEB 2.0
Interactividad	Pasiva, solo lectura	Activa, interacción usuario-contenido
Contenido	Estático, generado por el webmaster	Dinámico, generado por usuarios
Tecnologías	HTML básico	HTML5, CSS, JavaScript, AJAX
Comunicación	Unidireccional	Bidireccional
Ejemplos	Páginas informativas, blogs básicos	Redes sociales, wikis, plataformas colaborativas
Acceso	Lento y limitado	Rápido, adaptado a dispositivos móviles

Tabla comparativa Web 1.0 vs Web 2.0.

El impacto del mundo online en la economía y la sociedad es innegable, negocios como Amazon, que utiliza las opiniones de los usuarios para mejorar su servicio, o Airbnb, que depende de las valoraciones de los clientes para garantizar la confianza, demuestran cómo la colaboración y el intercambio de información entre usuarios son clave en la economía digital actual.

1.2 ASIMILACIÓN DE LOS PRINCIPIOS DE LA WEB 2.0

La Web 2.0 se sustenta en principios que han cambiado la estructura del internet tal como lo conocíamos, promoviendo una experiencia más dinámica, interactiva y participativa. Estos principios son esenciales para entender cómo funciona y cómo puede aplicarse en diversos ámbitos:

- **Interactividad:** en la Web 2.0, los usuarios no son simples receptores de información; interactúan con el contenido y entre ellos. Plataformas como LinkedIn permiten que profesionales compartan publicaciones, recomienden habilidades y establezcan conexiones útiles para su carrera.

- **Colaboración:** este principio fomenta el trabajo conjunto entre usuarios para crear, mejorar o compartir contenido. Por ejemplo, los documentos en línea de Google Drive permiten a varias personas trabajar simultáneamente, eliminando barreras físicas y temporales.

- **Contenido generado por el usuario (UGC):** los usuarios son los principales creadores de contenido, como en el caso de Instagram, donde millones de fotografías se publican a diario, o TikTok, donde los vídeos cortos generan tendencias globales.

▶ **Accesibilidad universal:** la Web 2.0 busca que el contenido esté disponible para cualquier persona, desde cualquier lugar, a través de múltiples dispositivos. Servicios como Spotify o Netflix permiten consumir música y vídeos en ordenadores, móviles o televisores inteligentes.

▶ **Descentralización:** el contenido ya no proviene exclusivamente de grandes corporaciones, sino que cualquier usuario puede generar y distribuir información. Por ejemplo, los blogs y canales de YouTube permiten que personas individuales se conviertan en creadores de contenido influyentes.

▶ **Participación comunitaria:** la Web 2.0 promueve la creación de comunidades en línea que comparten intereses, como los foros de discusión especializados o los grupos de redes sociales.

ⓘ Nota

Estos principios definen el funcionamiento técnico de la Web 2.0 y establecen un marco cultural donde la interacción y la colaboración se valoran como herramientas fundamentales para el desarrollo personal y profesional. ¿Qué sería de las estrategias empresariales actuales sin los datos que proporcionan los usuarios en redes sociales? La Web 2.0 no solo es tecnología, sino también una forma de entender cómo las personas y las empresas pueden conectar en el mundo online.

1.3 COMPRENSIÓN DE LA EMPRESA 2.0

La inteligencia artificial La Empresa 2.0 surge como un modelo organizativo que adopta las tecnologías y principios de la Web 2.0 para transformar su funcionamiento. Este modelo combina herramientas digitales colaborativas, procesos interactivos y una mentalidad más abierta a la participación tanto de los empleados como de los clientes.

El resultado es una estructura empresarial más flexible y adaptada a las exigencias de un entorno digital competitivo.

En una Empresa 2.0, las tecnologías de colaboración son esenciales. Herramientas como Slack, Microsoft Teams o Trello facilitan la comunicación y el trabajo en equipo en tiempo real, reduciendo tiempos de espera en la toma de decisiones y promoviendo una mayor eficiencia. Estas plataformas permiten a los equipos organizar proyectos, compartir archivos y mantener reuniones virtuales, eliminando la necesidad de reuniones físicas innecesarias y optimizando recursos humanos y económicos.

Un aspecto distintivo de este modelo es el uso estratégico de los datos. Las Empresas 2.0 emplean sistemas como los CRM (Customer Relationship Management), que recopilan y gestionan información valiosa sobre los clientes. Por ejemplo, plataformas como HubSpot o Salesforce permiten a las empresas segmentar a su audiencia, personalizar campañas de marketing y mejorar la relación con los clientes. Este enfoque aumenta la retención y fidelización de los usuarios, maximizando los recursos invertidos.

Además, las Empresas 2.0 están diseñadas para integrar a sus clientes en los procesos empresariales. Un caso evidente es el uso de redes sociales como canales de comunicación directa. Por ejemplo, una tienda online que interactúa con sus seguidores en Instagram responde a dudas, gestiona comentarios y utiliza encuestas para conocer mejor sus preferencias. Este tipo de interacción mejora la percepción de la marca y también reduce costes relacionados con estudios de mercado tradicionales.

> ⓘ **Nota**
>
> En el comercio en internet, adoptar el modelo de Empresa 2.0 implica aprovechar al máximo las herramientas digitales para reducir costes.

La Empresa 2.0 también se diferencia en su estructura jerárquica. Frente a los modelos tradicionales más verticales, fomenta una organización horizontal donde las ideas pueden fluir desde cualquier nivel.

1.4 DIGITALIZACIÓN DE UNA EMPRESA

La digitalización de una empresa es un proceso transformador que involucra la adopción de tecnologías digitales para optimizar operaciones, mejorar la eficiencia y ampliar las oportunidades de negocio. No se trata únicamente de incorporar herramientas tecnológicas, sino de reestructurar los procesos internos y externos para alinearse con las demandas de un entorno digital.

Uno de los pilares de la digitalización es la automatización de procesos. Por ejemplo, sistemas como los ERP (Enterprise Resource Planning) permiten centralizar la gestión de áreas clave como inventarios, contabilidad y recursos humanos. Plataformas como SAP u Odoo integran estas funciones en un solo sistema, eliminando la duplicidad de tareas y reduciendo errores humanos, lo que se traduce en un ahorro significativo de tiempo y costes.

En el ámbito del comercio en internet, la digitalización incluye la implementación de plataformas de e-commerce como Shopify, WooCommerce o PrestaShop, que permiten gestionar una tienda online de forma eficiente. Estas plataformas ofrecen soluciones integradas que abarcan desde el catálogo de productos hasta los sistemas de pago y la logística. Por ejemplo, una tienda digital puede automatizar el envío de confirmaciones de pedidos y actualizaciones de seguimiento, mejorando la experiencia del cliente sin requerir intervención manual constante.

Comparativa de Plataformas de eCommerce

Características y usos más comunes

ASPECTO	SHOPIFY	WOOCOMMERCE	PRESTASHOP
Facilidad de uso	Muy fácil, ideal para principiantes.	Moderado, requiere conocimientos de WordPress.	Avanzado, requiere experiencia técnica.
Costes	Sistema de suscripción mensual.	Gratis, pero necesitas hosting y plugins.	Gratis, pero requiere hosting especializado.
Flexibilidad	Limitada, pero con aplicaciones adicionales.	Muy flexible gracias a los plugins.	Alta flexibilidad, enfocado en personalización técnica.
Escalabilidad	Excelente para pequeñas y medianas tiendas.	Buena, ideal para negocios pequeños o medianos.	Excelente, ideal para grandes proyectos.
Soporte	Soporte técnico 24/7 incluido.	Foros y comunidad de WordPress.	Foros y documentación técnica.
Ideal para	Usuarios sin conocimientos técnicos que buscan facilidad.	Negocios ya familiarizados con WordPress.	Proyectos grandes o personalización avanzada.

Tabla comparativa de plataformas de eCommerce.

La digitalización también implica el uso de herramientas de análisis de datos para la toma de decisiones informadas. Aplicaciones como Google Analytics o Tableau permiten monitorear el tráfico de un sitio web, identificar patrones de comportamiento de los clientes y optimizar estrategias de marketing. Este enfoque analítico ayuda a las empresas a dirigir sus recursos hacia actividades que generen mayor retorno de inversión.

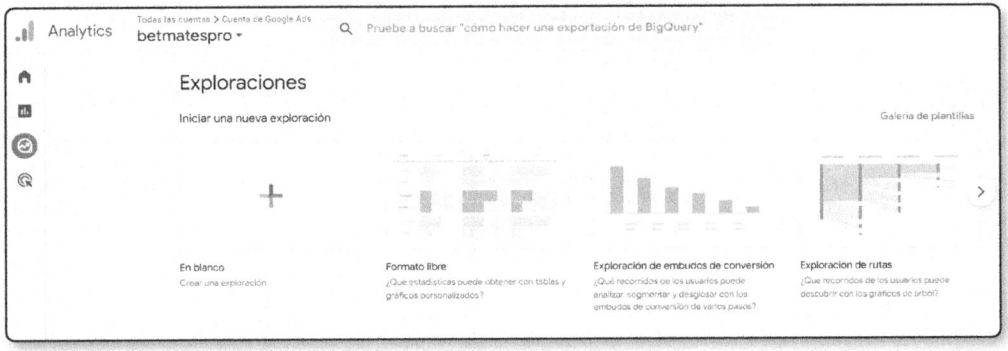

Interfaz de Google Analitics.

Otro aspecto fundamental es la digitalización de la relación con los clientes. Las empresas pueden integrar chatbots o asistentes virtuales para atender consultas en tiempo real, reduciendo los costes asociados a la atención al cliente tradicional. Por ejemplo, soluciones como Zendesk Chat permiten responder a las dudas de los clientes de forma rápida y eficiente, lo que incrementa la satisfacción y la fidelidad del usuario.

Además, la digitalización también requiere garantizar la seguridad de los datos. En 2024, el cumplimiento de normativas como el Reglamento General de Protección de Datos (RGPD) es esencial para proteger la información personal de los clientes. Las empresas deben implementar medidas como el cifrado de datos y controles de acceso para prevenir brechas de seguridad y garantizar la confianza de los usuarios.

> ### ⓘ Reflexión
>
> La digitalización optimiza los recursos internos y prepara a las empresas para competir en un mercado globalizado y orientado al cliente. ¿Cómo puede una empresa alcanzar todo su potencial en el comercio en internet sin digitalizarse? En el contexto actual, esta transformación no es una opción, sino una necesidad para mantenerse relevante y eficiente.

1.5 GESTIÓN ADECUADA DEL TIEMPO

En el contexto del comercio en internet, una mala planificación puede llevar a sobrecargas de trabajo, incumplimiento de plazos o pérdida de oportunidades comerciales, lo que afecta directamente al rendimiento del negocio.

Los elementos principales en la gestión eficiente del tiempo son:

1. Priorización de tareas

2. Uso de herramientas digitales (Trello, Asana, Monday.com)

3. Visualización del progreso de tareas

4. Método Pomodoro (intervalos de 25 min y descansos)

5. Automatización de tareas (Zapier, Hootsuite, Mailchimp)

6. Seguimiento de métricas en tiempo real

7. Ajuste estratégico basado en datos

La clave para una gestión eficiente del tiempo es la priorización de tareas. Herramientas digitales como Trello, Asana o Monday.com permiten a los equipos organizar proyectos, asignar responsabilidades y establecer plazos. Estas plataformas ofrecen la posibilidad de visualizar el progreso de las tareas, lo que ayuda a mantener el enfoque en lo más importante. Por ejemplo, en una tienda online, priorizar la actualización del inventario antes del lanzamiento de una campaña publicitaria puede marcar la diferencia entre el éxito y el fracaso de esa estrategia.

Sitio web de Trello.

El uso del método Pomodoro es otra técnica popular que ayuda a maximizar el rendimiento. Este método divide el tiempo de trabajo en intervalos de 25 minutos, seguidos de breves descansos, lo que ayuda a mantener la concentración y evitar la fatiga.

Ejemplo práctico

Ejemplo práctico del uso del método Pomodoro aplicado a una empresa ficticia de paquetería llamada Lannister Muebles:

Lannister Muebles gestiona diariamente una gran cantidad de pedidos, desde su preparación hasta la distribución. El equipo de logística necesita maximizar su productividad y reducir errores al manejar tareas repetitivas y exigentes como el etiquetado de paquetes, la revisión de inventarios y la planificación de rutas de entrega.

Tareas para realizar:

- Etiquetado de paquetes para envío.
- Verificación del inventario en almacén.
- Organización de rutas de entrega para los transportistas.

Pasos del método:

Dividir las tareas en intervalos de trabajo ("Pomodoros") de 25 minutos cada uno:

- Primer Pomodoro (25 minutos): etiquetado de 50 paquetes.

- Segundo Pomodoro (25 minutos): verificación de las existencias de los productos etiquetados.

- Tercer Pomodoro (25 minutos): planificación de rutas para los 50 paquetes etiquetados.

Descanso corto de 5 minutos después de cada intervalo:

- Durante los descansos, los empleados pueden realizar estiramientos, tomar agua o descansar mentalmente.

Revisión tras completar 4 Pomodoros (100 minutos de trabajo):

- Tras 4 intervalos de 25 minutos, el equipo toma un descanso más largo (15-30 minutos) para recuperar energía.

Tabla diaria:

Horario	Tarea	Resultado esperado
9:00–9:25	Etiquetado de paquetes.	Etiquetados los primeros 50 paquetes.
9:25–9:30	Descanso corto.	Tiempo para relajarse brevemente.
9:30–9:55	Verificación de inventarios.	Revisar si hay suficientes productos para 50 pedidos.
9:55–10:00	Descanso corto.	Momento de recarga para el equipo.
10:00–10:25	Planificación de rutas de entrega.	Asignar rutas óptimas a los transportistas.
10:25–10:30	Descanso corto.	Estiramientos y desconexión.
10:30–10:55	Continuación del etiquetado.	Etiquetar otros 50 paquetes.
10:55–11:15	Descanso largo.	Recuperar energía con un descanso más amplio.

La automatización de tareas también juega un papel clave en la gestión del tiempo en el comercio digital. Procesos repetitivos como el envío de correos electrónicos de confirmación de pedidos, la publicación de contenido en redes sociales o el seguimiento de los envíos pueden ser delegados a herramientas como Hootsuite o Mailchimp. Esto libera tiempo para tareas estratégicas y garantiza una ejecución más rápida y eficiente.

Sitio web de Hootsuite.

Además, para los empresarios que trabajan en comercio electrónico, el seguimiento de las métricas de rendimiento en tiempo real es esencial. Este seguimiento permite identificar patrones de comportamiento de los clientes y ajustar estrategias de manera inmediata, evitando la pérdida de tiempo en análisis posteriores y facilitando la toma de decisiones basadas en datos.

La gestión adecuada del tiempo no se limita a la optimización de tareas laborales. Incluir momentos específicos para la formación y el aprendizaje continuo asegura que el equipo esté actualizado con las últimas tendencias del comercio en internet, lo que aumenta su capacidad para adaptarse a los cambios del mercado. Por ejemplo, dedicar tiempo a la formación continua en áreas clave como el marketing digital, el posicionamiento SEO o el análisis de datos puede generar ventajas competitivas significativas.

ⓘ Sabías que...

La formación no siempre requiere inversiones elevadas. Cursos en línea accesibles en plataformas como Coursera, Udemy o incluso tutoriales gratuitos en YouTube permiten a los empleados mejorar sus habilidades técnicas, lo que beneficia directamente al negocio.

1.6 USO DE LA RED COMO FUENTE DE INFORMACIÓN

Como ya sabemos, el acceso a internet ha revolucionado la forma en que las empresas obtienen información, convirtiéndolo en una herramienta indispensable para la toma de decisiones y la optimización de recursos en el comercio digital. Sin embargo, no toda la información disponible en la red es relevante o fiable, por lo que aprender a utilizarla correctamente es fundamental para minimizar costes y maximizar resultados.

La red ofrece diversas fuentes de información útil para el comercio en internet, desde estudios de mercado hasta datos sobre la competencia. Por ejemplo, herramientas como SEMrush o Ahrefs permiten analizar palabras clave, identificar tendencias en búsquedas y monitorear las estrategias de posicionamiento SEO de los competidores. Esto facilita la creación de estrategias de marketing más eficaces sin necesidad de invertir en estudios externos costosos.

Sitio web de SEMrush.

Además, plataformas como Statista o Google Trends ofrecen datos actualizados sobre comportamientos de consumidores y sectores específicos, lo que ayuda a las empresas a detectar oportunidades de mercado. Por ejemplo, si una tienda online identifica un aumento en la demanda de productos ecológicos, puede ajustar su catálogo para satisfacer esa tendencia, reduciendo el riesgo de invertir en productos con baja demanda.

Ejemplo práctico

Este ejemplo muestra cómo realizar una búsqueda en Google Trends:

1. Acceso al sitio web:

2. Realizar la búsqueda:

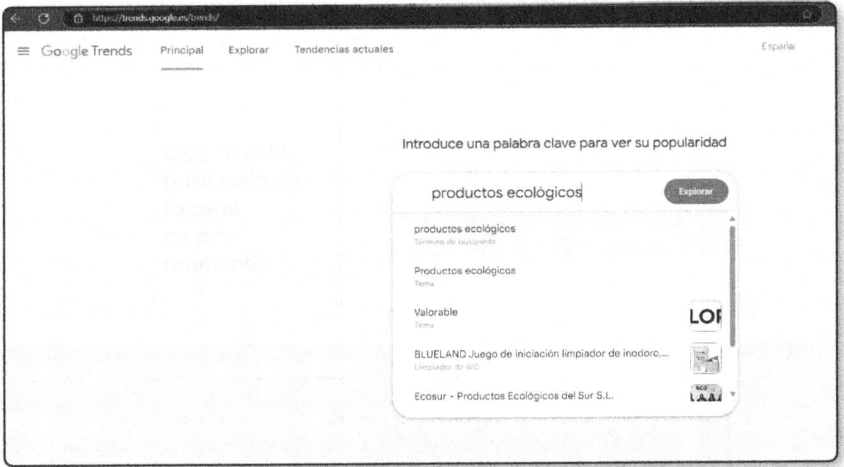

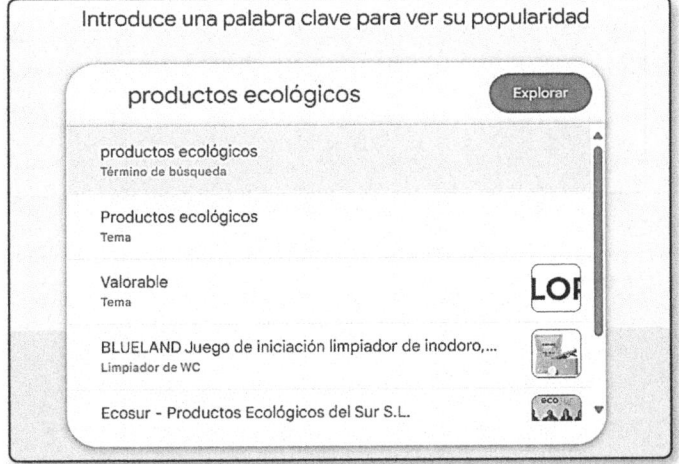

3. Analizar los resultados:

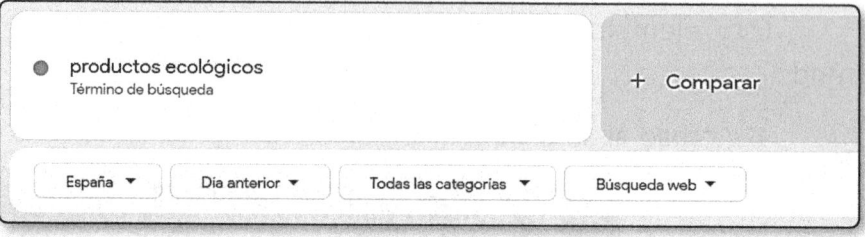

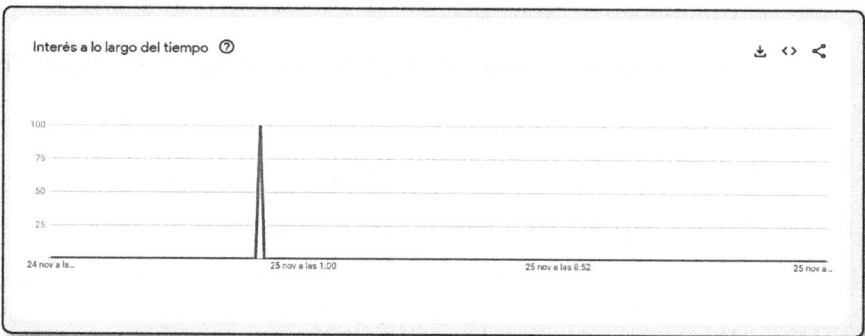

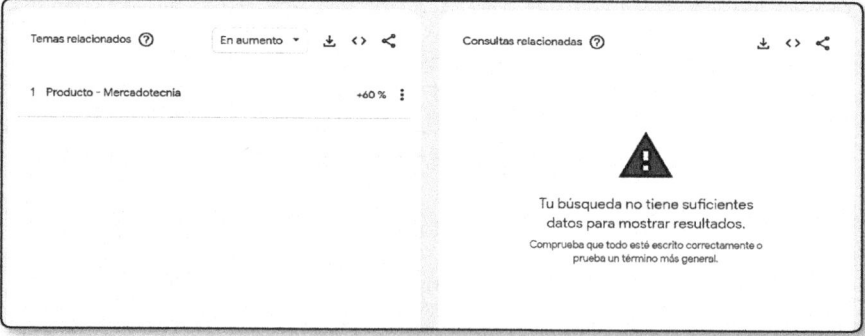

En el ámbito de la formación, internet proporciona acceso a recursos educativos gratuitos o de bajo coste que pueden mejorar la competitividad de una empresa. Plataformas como Coursera, Udemy o edX ofrecen cursos sobre marketing digital, gestión de inventarios y análisis de datos, entre otros. Este tipo de formación permite a los empresarios y sus equipos adquirir habilidades sin necesidad de realizar grandes inversiones económicas o interrumpir sus actividades laborales.

La red también es una fuente invaluable para la búsqueda de proveedores y colaboradores. Sitios como Alibaba para la adquisición de productos al por mayor, o LinkedIn para establecer contactos profesionales, son ejemplos claros de cómo internet puede optimizar la gestión de recursos. Comparar precios, evaluar reputaciones y negociar condiciones directamente en línea permite ahorrar tiempo y dinero.

Sitio web de Alibaba.

Sin embargo, es importante recordar que no toda la información en internet es fiable. Evaluar la credibilidad de las fuentes es imprescindible para evitar tomar decisiones basadas en datos erróneos. Algunas estrategias incluyen verificar la fecha de publicación, consultar varias fuentes sobre el mismo tema y priorizar sitios reconocidos o de instituciones acreditadas.

ⓘ Truco

Trucos para evaluar la credibilidad en internet:

- **Verifica la fecha:** asegúrate de que la información esté actualizada.
- **Consulta varias fuentes:** contrasta datos para evitar errores.
- **Prioriza sitios reconocidos:** opta por dominios como .edu, .gov o instituciones fiables.
- **Investiga al autor:** confirma su experiencia o trayectoria.
- **Revisa fuentes citadas:** comprueba si los datos tienen respaldo legítimo.
- **Evita sitios con mucha publicidad:** pueden ser menos confiables.
- **Usa herramientas de verificación:** plataformas como FactCheck.org ayudan a desmentir rumores.
- **Cuidado con redes sociales:** verifica siempre lo que encuentres allí.

1.7 LOCALIZACIÓN DE PARTNERS, COLABORADORES Y PROVEEDORES

En el comercio en internet, la identificación y selección de partners, colaboradores y proveedores es fundamental para optimizar recursos y minimizar costes. ¿Cómo influye esto en la eficiencia de una empresa en línea?

La localización estratégica de proveedores puede reducir significativamente los costes logísticos. Por ejemplo, al elegir proveedores cercanos geográficamente o con sistemas de envío eficientes, se disminuyen los gastos de transporte y se acortan los tiempos de entrega. Además, contar con colaboradores que compartan herramientas tecnológicas y plataformas de gestión permite una mejor integración de procesos.

La colaboración con partners especializados en áreas clave, como marketing digital o gestión de redes sociales, puede potenciar la presencia en línea sin incurrir en gastos excesivos. Al subcontratar servicios a expertos, la empresa se beneficia de conocimientos especializados sin la necesidad de formar un equipo interno, lo que se traduce en ahorros significativos.

Como ya sabemos es común utilizar plataformas en línea para conectar con proveedores y colaboradores a nivel global. Sitios web como LinkedIn y marketplaces B2B facilitan la búsqueda y evaluación de posibles asociados comerciales, permitiendo comparar opciones y negociar condiciones más favorables.

1.8 ADMINISTRACIÓN ELECTRÓNICA

La administración electrónica se ha convertido en una herramienta esencial para las empresas que operan en el ámbito digital. ¿Qué beneficios ofrece y cómo contribuye a la minimización de costes?

Implementar sistemas de administración electrónica permite automatizar procesos administrativos, reduciendo errores y tiempos de gestión. Por ejemplo, la facturación electrónica agiliza la emisión y recepción de facturas, eliminando costes asociados al papel y al envío postal. Además, facilita el cumplimiento de obligaciones fiscales y legales al mantener registros actualizados y fácilmente accesibles.

Las plataformas de administración electrónica integran módulos de contabilidad, gestión de inventarios y recursos humanos, lo que optimiza el uso de recursos y evita la duplicidad de tareas. Esto reduce costes operativos y mejora la toma de decisiones al disponer de información en tiempo real.

En comparación con métodos tradicionales, la administración electrónica ofrece mayor transparencia y eficiencia. Herramientas como firmas digitales y certificados electrónicos garantizan la autenticidad de los documentos y simplifican trámites que antes requerían presencia física.

1.9 GESTIÓN DE LA BANCA ELECTRÓNICA

La inteligencia artificial la gestión de la banca electrónica es un componente clave en la optimización de recursos para el comercio en internet. ¿De qué manera contribuye a la minimización de costes y a la eficiencia financiera?

Utilizar servicios de banca electrónica permite realizar transacciones de forma rápida y segura, reduciendo costes asociados a comisiones y tiempos de espera. Las transferencias electrónicas y los pagos en línea facilitan el flujo de caja y mejoran la relación con proveedores y clientes al ofrecer múltiples opciones de pago.

Además, las plataformas bancarias en línea ofrecen herramientas de gestión financiera que ayudan a monitorear ingresos y gastos, elaborar presupuestos y prever necesidades de liquidez. La integración de estas plataformas con sistemas de administración electrónica permite automatizar procesos como la conciliación bancaria y el pago de nóminas.

Con el auge de fintech y soluciones bancarias digitales, las empresas tienen acceso a servicios más personalizados y adaptados a sus necesidades. Esto incluye opciones de financiamiento más flexibles y tasas de interés competitivas, lo que contribuye a una gestión financiera más eficiente.

> **ⓘ Sabías que...**
>
> El fintech es el término que usamos para describir la fusión entre finanzas y tecnología. Básicamente, se trata de cómo la tecnología está revolucionando el mundo financiero. Ahora, con solo una aplicación en tu teléfono, puedes hacer transferencias, invertir en bolsa o solicitar un préstamo sin tener que pisar un banco. Estas innovaciones están cambiando la forma en que manejamos nuestro dinero, haciéndolo más rápido, más accesible y, en muchos casos, más seguro.
>
> Además, el fintech está impulsando la inclusión financiera en todo el mundo. Personas que antes no tenían acceso a servicios bancarios ahora pueden ahorrar, pedir préstamos y realizar transacciones a través de sus dispositivos móviles. Esto contribuye al crecimiento económico de sus comunidades. La tecnología financiera está democratizando el acceso al dinero y abriendo nuevas oportunidades para todos.

1.10 SEGUIMIENTO DE LA NORMATIVA RESPECTO A LA REDUCCIÓN INVERSIÓN ECONÓMICA

Las leyes y regulaciones pueden ofrecer incentivos para las empresas que adoptan prácticas de eficiencia económica. Por ejemplo, algunos gobiernos implementan subvenciones y exenciones fiscales para empresas que invierten en tecnologías sostenibles o en digitalización. Estar al tanto de estas oportunidades requiere un seguimiento constante de las normativas y regulaciones aplicables.

Además, comprender las leyes laborales y fiscales permite a las empresas aprovechar modalidades de contratación flexibles, como el teletrabajo o la contratación de autónomos, lo que puede reducir gastos operativos. Ignorar o desconocer las normativas puede resultar en sanciones económicas y legales que afectan negativamente al negocio.

Dado que las regulaciones pueden cambiar y actualizarse, es recomendable que las empresas consulten fuentes oficiales y asesores legales para asegurarse de cumplir con las normativas más recientes y aprovechar al máximo los beneficios disponibles.

Normativa

Las normativas vigentes que afectan a España en el ámbito del comercio en internet y la optimización de recursos para la minimización de costes son diversas y abarcan diferentes áreas legales:

Ley de Servicios de la Sociedad de la Información y del Comercio Electrónico (LSSICE)–Ley 34/2002

Esta ley es fundamental para las actividades comerciales en línea. Regula aspectos como la contratación electrónica, las obligaciones de información, las comunicaciones comerciales por vía electrónica y las responsabilidades de los prestadores de servicios de la sociedad de la información.

Ley General para la Defensa de los Consumidores y Usuarios– Real Decreto Legislativo 1/2007

Esta normativa establece los derechos de los consumidores en transacciones comerciales, incluyendo las realizadas a través de internet. Aspectos como el derecho de desistimiento, la información precontractual y las garantías de productos son esenciales.

Ley del Impuesto sobre el Valor Añadido (IVA) y modificaciones en el comercio electrónico

A partir de julio de 2021, entraron en vigor nuevas reglas del IVA en la Unión Europea que afectan al comercio electrónico transfronterizo. La introducción del sistema de ventanilla única (OSS) simplifica las obligaciones de declaración y pago del IVA para las empresas que venden a consumidores en otros países de la UE.

Reglamento General de Protección de Datos (RGPD) y Ley Orgánica de Protección de Datos y Garantía de los Derechos Digitales (LOPDGDD)–Ley Orgánica 3/2018

El RGPD, aplicable en toda la Unión Europea, y su adaptación española a través de la LOPDGDD, establecen estrictas obligaciones sobre el tratamiento de datos personales. Las empresas deben implementar medidas técnicas y organizativas para proteger la información de los usuarios, obtener consentimientos explícitos y facilitar el ejercicio de derechos. El incumplimiento puede conllevar multas significativas, afectando financieramente al negocio.

Ley 9/2017 de Contratos del Sector Público

Para las empresas que interactúan con el sector público, esta ley regula los procedimientos de contratación con las administraciones. Comprender sus disposiciones puede abrir oportunidades de negocio y optimizar recursos al participar en licitaciones públicas de manera eficiente.

Real Decreto-ley 28/2020 de trabajo a distancia

Esta normativa establece el marco legal para el teletrabajo en España. Implementar políticas de trabajo a distancia conforme a la ley puede ayudar a reducir costes operativos, además de aumentar la flexibilidad y satisfacción de los empleados.

Incentivos y subvenciones para la digitalización

El Gobierno de España, a través de programas como el Plan de Recuperación, Transformación y Resiliencia, ofrece ayudas y subvenciones para la digitalización de pymes y autónomos.

1.11 CONOCIMIENTO DE LOS PROGRAMAS INFORMÁTICOS: CLOUD COMPUTING (PAGO POR USO) Y SOFTWARE LIBRE

¿De qué manera el Cloud Computing y el software libre aportan ventajas económicas a las empresas?

El Cloud Computing permite acceder a recursos tecnológicos como almacenamiento, servidores y aplicaciones a través de internet bajo un modelo de pago por uso. Esto elimina la necesidad de invertir en costosas infraestructuras propias y reduce los gastos de mantenimiento. Por ejemplo, una tienda en línea puede alojar su sitio web en servicios como Amazon Web Services o Microsoft Azure, ajustando su capacidad según la demanda, lo que es especialmente útil en épocas de alta actividad.

El software libre ofrece aplicaciones y sistemas operativos cuyo código fuente está disponible para su uso, modificación y distribución. Esto significa que las empresas pueden personalizar herramientas sin incurrir en costes de licencia. Utilizar sistemas como GNU/Linux, bases de datos como MySQL o plataformas de comercio electrónico como Magento Open Source permite reducir significativamente los gastos en software propietario.

La combinación de Cloud Computing y software libre potencia la escalabilidad y flexibilidad del negocio. Las empresas pueden implementar soluciones tecnológicas avanzadas sin comprometer su presupuesto, destinando los recursos ahorrados a otras áreas estratégicas como marketing o desarrollo de productos.

1.12 GESTIÓN DE LAS COMUNICACIONES: VOZ SOBRE IP, VIDEOCONFERENCIAS, FAX PC-PC, WHATSAPP...

La voz sobre IP (VoIP) transforma las comunicaciones telefónicas al transmitir llamadas a través de internet. Servicios como Skype, RingCentral o 3CX ofrecen soluciones que integran llamadas, mensajería y videoconferencias en una sola plataforma. Esto reduce los costes de telefonía tradicional y facilita la comunicación con clientes y equipos remotos.

Las videoconferencias han cobrado mayor relevancia, especialmente en un contexto donde el trabajo remoto es común. Herramientas como Zoom, Microsoft Teams y Google Meet permiten realizar reuniones virtuales con alta calidad de audio y vídeo, compartir documentos y colaborar en tiempo real. Esto ahorra en gastos de viaje y mejora la productividad al facilitar la interacción instantánea.

El fax PC-PC sigue siendo relevante en sectores que requieren el envío seguro de documentos, como el legal o el sanitario. Soluciones como eFax permiten enviar y recibir faxes directamente desde el ordenador, eliminando la necesidad de equipos físicos y líneas telefónicas dedicadas.

Aplicaciones de mensajería instantánea como WhatsApp Business han ampliado sus funcionalidades para atender las necesidades empresariales. Con opciones para crear catálogos de productos, respuestas automatizadas y etiquetas para organizar chats, WhatsApp permite una comunicación directa y eficiente con los clientes, mejorando el servicio y fomentando la fidelización.

Es esencial mantenerse informado sobre las nuevas tecnologías y actualizaciones en herramientas de comunicación, ya que pueden ofrecer beneficios adicionales en términos de eficiencia y reducción de costes.

Comparado con métodos tradicionales, el uso de estas herramientas digitales puede ser tan efectivo como tener una oficina física, pero con una inversión económica significativamente menor.

1.13 GESTIÓN EXITOSA DE CLIENTES

La fidelización de clientes es más rentable que la adquisición de nuevos. Retener a un cliente existente puede ser hasta cinco veces más económico que atraer a uno nuevo. Por ello, implementar un sistema de Customer Relationship Management (CRM) es fundamental. Un CRM permite recopilar y analizar datos sobre el comportamiento y las preferencias de los clientes, facilitando la personalización de ofertas y comunicaciones.

La segmentación de mercado es otra estrategia clave. Al dividir a los clientes en grupos basados en características demográficas, comportamientos de compra o preferencias, se pueden diseñar campañas más efectivas y enfocadas. Esto mejora la tasa de conversión a la par que optimiza el uso de recursos al dirigir los esfuerzos hacia audiencias específicas.

Además, ofrecer programas de lealtad y recompensas incentiva a los clientes a repetir compras. Plataformas como LoyaltyLion o Smile.io permiten crear sistemas de puntos, descuentos y beneficios exclusivos que aumentan el Customer Lifetime Value (valor del tiempo de vida del cliente).

La automatización de marketing es una herramienta poderosa para gestionar las interacciones con los clientes de manera eficiente. Utilizando software como HubSpot o Marketo, es posible automatizar correos electrónicos, mensajes en redes sociales y otras comunicaciones, asegurando que los clientes reciban información relevante en el momento adecuado.

Por último, es muy importante medir y analizar la satisfacción del cliente. Herramientas como encuestas post-compra y el Net Promoter Score (NPS) ayudan a identificar áreas de mejora. Al comparar estos datos con períodos anteriores, se puede evaluar el impacto de las estrategias implementadas y ajustar según sea necesario.

1.14 ATENCIÓN AL CLIENTE ON-LINE: EMAIL, CHAT

La atención al cliente en línea es un componente vital para el éxito en el comercio electrónico. ¿Qué canales son más efectivos para brindar soporte y cómo pueden ayudar a minimizar costes?

El correo electrónico sigue siendo uno de los métodos más utilizados para la atención al cliente. Es un canal asíncrono que permite a los clientes expresar sus inquietudes detalladamente y a las empresas responder de manera estructurada. Utilizar sistemas de gestión de correos electrónicos como Zendesk o Freshdesk permite organizar y priorizar las consultas, asignar tickets a los agentes adecuados y hacer seguimiento eficiente.

Los chats en vivo ofrecen atención inmediata y personalizada. Implementar herramientas como LiveChat, Intercom o Drift facilita la comunicación en tiempo real, aumentando la satisfacción del cliente al resolver dudas al instante. Además, estas plataformas permiten que un solo agente atienda múltiples conversaciones simultáneamente, optimizando el tiempo y reduciendo costes operativos en comparación con los centros de llamadas tradicionales.

La integración de chatbots con inteligencia artificial es una tendencia en crecimiento. Estos bots pueden manejar consultas frecuentes y sencillas, liberando a los agentes humanos para atender casos más complejos. Herramientas como IBM Watson Assistant o Dialogflow permiten crear chatbots que aprenden y mejoran con cada interacción.

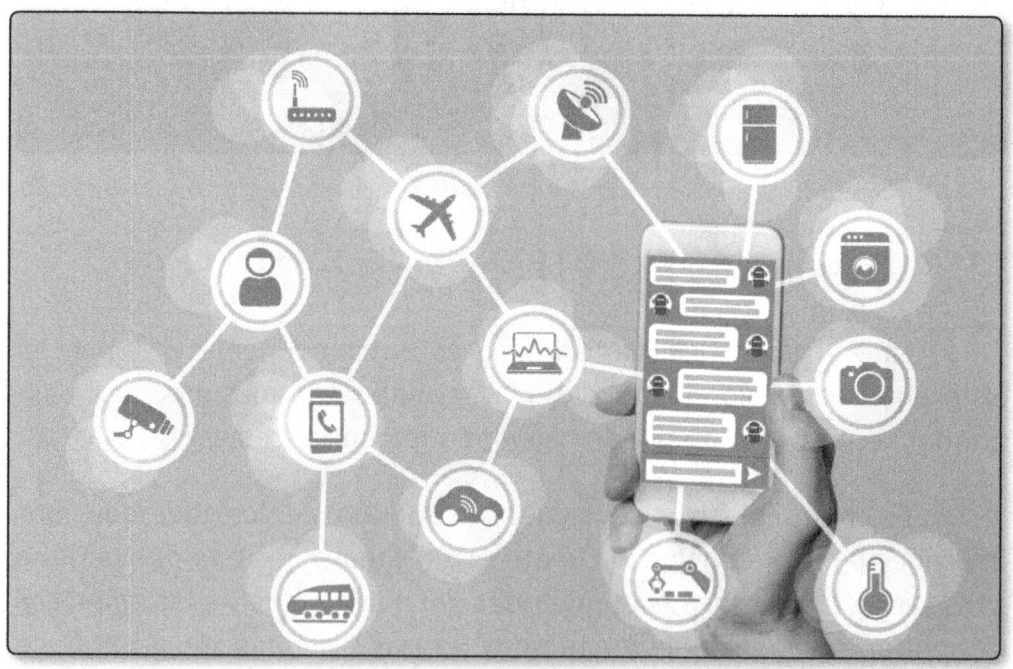

Comparado con otros canales, el uso combinado de correo electrónico y chat en línea ofrece una atención multicanal que se adapta a las preferencias de los clientes. Mientras algunos prefieren la formalidad y el detalle del correo electrónico, otros optan por la inmediatez del chat. Proporcionar ambos canales amplía el alcance y mejora la experiencia del usuario.

Es importante también considerar la integración de estos canales con el CRM de la empresa. Esto asegura que toda la información y el historial de interacciones estén centralizados, permitiendo un seguimiento más efectivo y personalizado.

1.15 USO DE LOS FOROS Y SU EMPLEO COMO HERRAMIENTA DE ASISTENCIA

Los foros permiten crear comunidades en línea donde los clientes pueden interactuar entre sí, compartir experiencias y resolver dudas relacionadas con productos o servicios. Al implementar un foro en la página web de la empresa, se facilita la autogestión de consultas, lo que reduce la carga de trabajo del equipo de atención al cliente. Por ejemplo, si un usuario tiene una pregunta sobre el funcionamiento de un producto, es probable que otro cliente ya haya planteado esa duda y exista una respuesta disponible en el foro.

Además, los foros actúan como una base de conocimientos colectiva. La información generada por los usuarios puede ser analizada para identificar problemas recurrentes, necesidades no satisfechas y oportunidades de mejora en los productos o servicios ofrecidos. Esto proporciona a la empresa datos valiosos sin incurrir en costes adicionales de investigación de mercado.

Comparado con los canales tradicionales de soporte, los foros ofrecen una interacción más dinámica y permanente. Mientras que una llamada telefónica o un correo electrónico son comunicaciones uno a uno, las respuestas en los foros quedan registradas y accesibles para futuros visitantes, multiplicando su utilidad. Plataformas como phpBB, vBulletin o las funcionalidades de foros en WordPress facilitan la implementación y gestión de estos espacios de interacción.

Es importante mantener una moderación adecuada en los foros para asegurar que el contenido sea relevante y respetuoso. La empresa puede asignar moderadores que guíen las conversaciones, respondan a consultas complejas y eliminen contenido inapropiado. Esto garantiza un entorno seguro y constructivo, fomentando la participación activa de los usuarios.

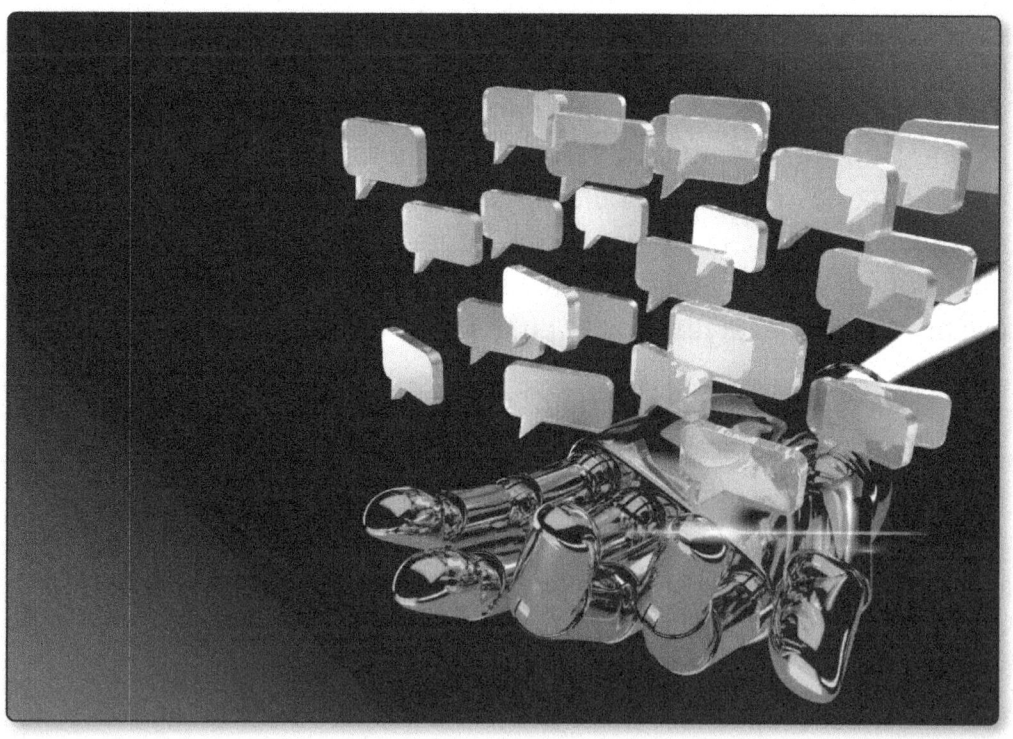

1.16 GESTIÓN DE LAS QUEJAS Y RECLAMACIONES: LA RAPIDEZ EN LA RESPUESTA

¿Por qué es tan relevante la rapidez en la respuesta ante una queja?

La inmediatez en la atención demuestra al cliente que la empresa valora su tiempo y está comprometida con la resolución de sus problemas. Una respuesta rápida puede evitar que una insatisfacción se convierta en una opinión negativa difundida en redes sociales o plataformas de reseñas, lo que podría dañar la reputación de la empresa y alejar a potenciales clientes.

Desde la perspectiva de la optimización de recursos, una gestión ágil de las reclamaciones reduce los costes asociados a la retención de clientes y la prevención de crisis de reputación. Herramientas como Zendesk, Freshdesk o Salesforce Service Cloud permiten centralizar las quejas recibidas a través de diferentes canales, asignarlas al equipo adecuado y hacer seguimiento del caso hasta su resolución.

La implementación de chatbots con inteligencia artificial es una tendencia para agilizar las respuestas iniciales. Estos sistemas pueden proporcionar soluciones rápidas a problemas comunes o recopilar información relevante antes de derivar el caso a un agente humano, optimizando el tiempo y recursos del equipo de soporte.

Comparado con una atención tardía o ineficiente, la rapidez en la respuesta puede marcar la diferencia entre retener a un cliente insatisfecho o perderlo definitivamente. Además, un cliente que ve resuelta su queja de manera efectiva es más propenso a continuar utilizando los servicios de la empresa y a recomendarla a otros, lo que contribuye a reducir costes en marketing y adquisición de nuevos clientes.

La formación del personal en habilidades de comunicación y resolución de conflictos es igualmente importante. Un equipo capacitado puede manejar situaciones difíciles de manera profesional, manteniendo la calma y ofreciendo soluciones adecuadas. Esto mejora la experiencia del cliente y fortalece la imagen de la empresa como una organización responsable y orientada al servicio.

A continuación, se presentan consejos detallados para abordar las quejas de manera eficiente y constructiva:

Responder con rapidez

Atender las quejas tan pronto como sean recibidas es fundamental. Una respuesta rápida demuestra compromiso y puede prevenir que la situación se agrave. La inmediatez en la atención puede ser el factor diferenciador que convierta una experiencia negativa en una oportunidad de fidelización.

Escuchar activamente al cliente

Comprender plenamente la queja implica prestar atención a los detalles y dejar que el cliente exprese sus preocupaciones sin interrupciones. Esta escucha activa permite identificar el problema real y muestra al cliente que su opinión es valorada.

Mostrar empatía y comprensión

Reconocer los sentimientos del cliente ayuda a construir confianza. Expresiones como "Entendemos su frustración" o "Lamentamos las molestias causadas" pueden calmar al cliente y abrir un canal de comunicación más efectivo.

Ofrecer soluciones claras y concretas

Después de analizar la situación, proporcionar una solución específica y viable. Esto puede incluir reembolsos, reemplazos, descuentos o cualquier acción que satisfaga las necesidades del cliente. Es importante que la solución sea realista y se pueda implementar en un plazo razonable.

Personalizar la comunicación

Evitar respuestas automatizadas o genéricas. Adaptar la respuesta a la situación particular del cliente demuestra atención personalizada y refuerza la relación. Utilizar el nombre del cliente y referirse específicamente a su caso añade un toque humano a la interacción.

Mantener un tono profesional y respetuoso

Independientemente del tono del cliente, es importante mantener la profesionalidad. Un enfoque calmado y respetuoso ayuda a desescalar situaciones tensas y muestra la seriedad con la que la empresa aborda las quejas.

Registrar y analizar las quejas

Documentar cada queja permite identificar patrones y áreas de mejora en los productos o servicios. Utilizar herramientas de gestión de relaciones con clientes (CRM) ayuda a organizar esta información y facilita el análisis para tomar decisiones informadas.

Formar al personal en habilidades de atención al cliente

Capacitar al equipo en técnicas de comunicación, resolución de conflictos y uso de herramientas tecnológicas mejora la eficiencia en la gestión de quejas. La formación continua asegura que el personal esté preparado para manejar diversas situaciones.

Utilizar canales de comunicación adecuados

Facilitar al cliente múltiples opciones para presentar sus quejas, como correo electrónico, chat en vivo, teléfono o redes sociales. Esto aumenta la accesibilidad y comodidad para el cliente, permitiéndole elegir el canal que más le convenga.

Seguir el caso hasta su resolución

No basta con ofrecer una solución inicial; es importante hacer seguimiento para asegurar que el cliente está satisfecho con el resultado. Este seguimiento puede marcar la diferencia en la percepción que el cliente tiene de la empresa.

Aprender de cada queja

Considerar las quejas como oportunidades para mejorar. Implementar cambios basados en el feedback recibido puede prevenir problemas futuros y mejorar la calidad general del servicio.

Comunicar las mejoras realizadas

Informar al cliente sobre las acciones tomadas a raíz de su queja refuerza la imagen de la empresa como receptiva y orientada al cliente. Esto puede hacerse a través de comunicaciones directas o mediante actualizaciones en el sitio web o redes sociales.

Mantener la confidencialidad y privacidad

Asegurar que la información del cliente y los detalles de la queja se manejan de acuerdo con las normativas vigentes de protección de datos, como el RGPD. Esto genera confianza y cumple con las obligaciones legales.

Establecer políticas claras de devolución y reclamaciones

Tener procedimientos definidos y fácilmente accesibles ayuda a gestionar las expectativas del cliente y agiliza el proceso de resolución. Publicar estas políticas en el sitio web proporciona transparencia y reduce la incertidumbre.

Evaluar la satisfacción post-resolución

Después de resolver la queja, solicitar feedback al cliente sobre el proceso de atención. Esto proporciona información valiosa para mejorar continuamente el servicio y demuestra al cliente que su opinión sigue siendo importante.

Ejemplo práctico

A continuación, se presentan ejemplos de respuestas que pueden utilizarse en distintas situaciones:

Respuesta rápida y reconocimiento inicial

"Estimado/a [Nombre del cliente], agradecemos que nos haya contactado y lamentamos los inconvenientes que ha experimentado. Estamos aquí para ayudarle y resolver esta situación lo antes posible".

Escucha activa y solicitud de detalles

"Entendemos su preocupación respecto a [problema mencionado]. ¿Podría proporcionarnos más detalles sobre lo sucedido? De esta manera, podremos encontrar la mejor solución para usted".

Empatía y disculpa sincera

"Lamentamos sinceramente que el producto no haya cumplido con sus expectativas. Sabemos lo frustrante que puede ser recibir algo que no se ajusta a lo esperado".

Ofrecimiento de solución concreta

"Para resolver este inconveniente, podemos ofrecerle un reembolso completo o el envío de un producto de reemplazo sin costo adicional. ¿Cuál opción prefiere?"

Personalización de la comunicación

"Hola [Nombre del cliente], hemos revisado su caso y vemos que ha tenido problemas con su pedido número [número de pedido]. Queremos asegurarle que trabajaremos para solucionar este asunto de inmediato".

Mantener un tono profesional y respetuoso

"Agradecemos su paciencia mientras investigamos este asunto. Nos comprometemos a mantenerle informado sobre el progreso y a brindarle una solución satisfactoria".

Seguimiento después de la resolución

"Estimado/a [Nombre], queremos confirmar que el reembolso ha sido procesado y debería reflejarse en su cuenta en los próximos días. Si tiene alguna otra consulta o necesita asistencia adicional, no dude en contactarnos".

Información sobre mejoras realizadas

"Gracias por su valioso feedback. Hemos compartido sus comentarios con nuestro equipo de calidad para mejorar nuestros productos y evitar que situaciones similares ocurran en el futuro".

Ofrecimiento de compensación adicional

"Además de resolver su problema, nos gustaría ofrecerle un descuento del 10% en su próxima compra como muestra de nuestro compromiso con su satisfacción".

Solicitud de confirmación de satisfacción

"Esperamos que la solución propuesta sea de su agrado. Por favor, infórmenos si hay algo más en lo que podamos ayudarle".

Agradecimiento por la comprensión

"Agradecemos su comprensión y colaboración mientras trabajamos para solucionar este inconveniente. Valoramos su confianza en nosotros y esperamos seguir contando con usted como cliente".

Manejo de situaciones delicadas

"Entendemos su frustración y queremos asegurarle que tomamos este asunto muy en serio. Estamos investigando lo sucedido y tomaremos las medidas necesarias para corregirlo".

Proporcionar información clara sobre los próximos pasos

"Hemos iniciado el proceso de reemplazo de su producto. Recibirá un correo electrónico con los detalles del envío y un número de seguimiento en las próximas 24 horas".

Cierre positivo y abierto a futuras comunicaciones

"Estamos aquí para ayudarle en lo que necesite. No dude en contactarnos si tiene más preguntas o comentarios. Su satisfacción es nuestra prioridad".

Reafirmación del compromiso con la calidad

"Nos comprometemos a ofrecer productos y servicios de la más alta calidad. Sus comentarios nos ayudan a mejorar y a servirle mejor".

PRUEBA DE AUTOEVALUACIÓN

PREGUNTAS TIPO TEST

1. **¿Cuál es una característica principal de la Web 2.0?**

   a) Contenido estático y unidireccional.

   b) Interactividad y contenido generado por el usuario. (Correcta)

   c) Acceso limitado a información.

2. **¿Qué plataforma permite a los profesionales compartir publicaciones y establecer conexiones útiles para su carrera?**

   a) Instagram.

   b) TikTok.

   c) LinkedIn. (Correcta)

3. **¿Cuál de los siguientes es un ejemplo de contenido generado por el usuario (UGC)?**

   a) Artículos de periódico.

   b) Publicaciones en Wikipedia editadas por usuarios. (Correcta)

   c) Anuncios televisivos.

4. **¿Qué herramienta se utiliza para que varias personas trabajen simultáneamente en documentos en línea?**

   a) Microsoft Word.

   b) Adobe Acrobat.

   c) Google Drive. (Correcta)

5. ¿Qué método divide el tiempo de trabajo en intervalos de 25 minutos con descansos cortos?

a) Método Pomodoro. (Correcta)

b) Método Agile.

c) Método Scrum.

6. ¿Cuál es una ventaja del uso de software libre en las empresas?

a) Altos costes de licencia.

b) Código fuente disponible para modificar. (Correcta)

c) Dependencia de proveedores propietarios.

7. ¿Qué herramienta permite analizar palabras clave y tendencias en búsquedas en línea?

a) Trello.

b) SEMrush. (Correcta)

c) Slack.

8. ¿Qué es un CRM?

a) Sistema de gestión de recursos humanos.

b) Sistema de gestión de relaciones con clientes. (Correcta)

c) Sistema de gestión de inventarios.

9. ¿Qué plataforma permite enviar y recibir faxes directamente desde el ordenador?

a) eFax. (Correcta)

b) Zoom.

c) WhatsApp.

10. ¿Por qué es importante la rapidez en la respuesta ante una queja de un cliente?

a) Para cumplir con las regulaciones.

b) Para evitar daños a la reputación y retener al cliente. (Correcta)

c) Para incrementar los costes operativos.

FRASES PARA COMPLETAR

1. La Web 2.0 se caracteriza por la _____ de los usuarios con el contenido.

2. El método _____ ayuda en la gestión eficiente del tiempo al dividir las tareas en intervalos.

3. El uso de _____ permite a las empresas acceder a recursos tecnológicos bajo un modelo de pago por uso.

4. Un _____ ayuda a las empresas a gestionar y analizar las relaciones con sus clientes.

5. Las herramientas como _____ permiten analizar el tráfico de un sitio web y optimizar estrategias.

Respuestas

1. Interactividad

2. Pomodoro

3. Cloud Computing

4. CRM

5. Google Analytics

PREGUNTAS DE RESPUESTA CORTA

1. Explique en qué consiste la Web 2.0 y cómo difiere de la Web 1.0.

La Web 2.0 es una evolución de la primera generación de internet que se caracteriza por la interactividad y la participación activa de los usuarios. Mientras que la Web 1.0 ofrecía contenido estático y unidireccional donde los usuarios eran consumidores pasivos de información, la Web 2.0 permite a los usuarios generar, compartir y modificar contenido. Plataformas como redes sociales, blogs y wikis son ejemplos de la Web 2.0, donde la colaboración y el contenido generado por el usuario son fundamentales.

2. ¿Qué es una Empresa 2.0 y qué ventajas ofrece sobre las empresas tradicionales?

Una Empresa 2.0 es un modelo organizativo que incorpora tecnologías y principios de la Web 2.0 para transformar su funcionamiento. Utiliza herramientas digitales colaborativas, fomenta la participación de empleados y clientes, y adopta una estructura más horizontal. Las ventajas incluyen mayor flexibilidad, eficiencia en la comunicación, mejor uso de datos para decisiones informadas, y una mayor capacidad de adaptación a los cambios del mercado, lo que reduce costes y mejora la competitividad.

3. Describa cómo el método Pomodoro puede ayudar en la gestión del tiempo en una empresa.

El método Pomodoro mejora la gestión del tiempo al dividir las tareas en intervalos de trabajo de 25 minutos, llamados "Pomodoros", separados por breves descansos. Esto ayuda a mantener la concentración, reduce la fatiga y aumenta la productividad. Al aplicar este método, los empleados pueden enfocarse en tareas específicas sin distracciones, lo que optimiza el uso del tiempo y mejora la eficiencia en las operaciones diarias de la empresa.

4. ¿Cuáles son los beneficios de utilizar software libre y Cloud Computing en una empresa?

El software libre permite a las empresas acceder y modificar aplicaciones sin costes de licencia, reduciendo gastos en software propietario y permitiendo personalizaciones según sus necesidades. El Cloud Computing ofrece acceso a recursos tecnológicos como almacenamiento y aplicaciones a través de internet bajo un modelo de pago por uso, eliminando la necesidad de invertir en infraestructura propia y reduciendo costes de mantenimiento. Ambos facilitan la escalabilidad y flexibilidad, optimizando recursos y mejorando la eficiencia operativa.

5. ¿Por qué es importante la gestión exitosa de clientes y cómo contribuye un CRM en este aspecto?

Una gestión exitosa de clientes es fundamental porque retener clientes existentes es más rentable que adquirir nuevos. Un CRM (Customer Relationship Management) ayuda recopilando y analizando datos sobre el comportamiento y preferencias de los clientes, facilitando la personalización de ofertas y comunicaciones. Esto mejora la satisfacción y fidelización del cliente, incrementa el valor de vida del cliente y optimiza el uso de recursos al dirigir esfuerzos de marketing y ventas de manera más efectiva.

2

Aumento de los posibles clientes (Marketing 2.0)

2.1 INDICACIÓN DE CUANDO CREAR UNA PÁGINA

El Marketing 2.0 se enfoca en utilizar las herramientas digitales disponibles para incrementar la visibilidad y el alcance de una empresa. La creación de una página web es un paso esencial para cualquier negocio que busque establecer una presencia sólida en línea. ¿En qué momento es adecuado dar este paso? Si su empresa está lista para expandirse más allá de los canales tradicionales y desea ofrecer información detallada sobre sus productos o servicios, es el momento oportuno.

La tendencia actual indica que los consumidores investigan en línea antes de realizar una compra. Una página web bien diseñada permite mostrar catálogos interactivos, implementar sistemas de comercio electrónico y ofrecer contenido personalizado. Además, facilita el uso de técnicas de SEO (Search Engine Optimization) para mejorar el posicionamiento en motores de búsqueda como Google, aumentando así la visibilidad ante posibles clientes.

Comparando esto con el mundo físico, tener una página web es como abrir una tienda en una ubicación estratégica. Sin ella, es como vender en un mercado sin señalización, donde los clientes potenciales pueden pasar de largo sin notar su presencia. Es importante que la página sea responsive, es decir, que se adapte a dispositivos móviles, ya un alto porcentaje de las búsquedas se realizan desde smartphones y tabletas.

También es fundamental que la página cumpla con los protocolos de seguridad actuales, como HTTPS, para proteger la información de los usuarios y generar confianza. La incorporación de herramientas analíticas permite entender mejor el comportamiento de los visitantes y ajustar las estrategias de marketing en consecuencia.

2.2 USO DE PLATAFORMAS Y DIRECTORIOS COMERCIALES PARA DARSE A CONOCER

Además de tener una página web propia, utilizar plataformas y directorios comerciales es una estrategia eficaz para aumentar la visibilidad. Estas plataformas, como Amazon, eBay o Etsy, ya cuentan con una gran base de usuarios y ofrecen infraestructuras sólidas para el comercio electrónico.

Los directorios comerciales en línea, como Google My Business o Yelp, también son herramientas valiosas. Permiten que su negocio aparezca en búsquedas locales y categorizadas, aumentando las posibilidades de ser encontrado por clientes interesados. Además, muchas de estas plataformas ofrecen opciones de publicidad segmentada y análisis de datos, lo que facilita la optimización de sus campañas de marketing.

Sitio web de yelp.

Es recomendable investigar cuáles son las plataformas más utilizadas en su sector específico y en los mercados objetivos. Participar en comunidades y foros especializados también puede aumentar la exposición y establecer su negocio como una autoridad en el campo.

SECTOR	PLATAFORMAS	BENEFICIOS
Retail y e-commerce	Shopify, WooCommerce, PrestaShop	Facilitan la creación de tiendas online y la gestión de inventarios.
Tecnología y startups	LinkedIn, GitHub, AngelList	Conectan con inversores, reclutadores y desarrolladores.
Educación y formación	Coursera, Udemy, LinkedIn Learning	Permiten la creación de cursos y la capacitación profesional.
Diseño y creatividad	Behance, Dribbble, Pinterest	Muestran portafolios y conectan con clientes creativos.
Turismo y hostelería	TripAdvisor, Booking.com, Airbnb	Promocionan servicios y atraen clientes a través de reseñas.
Salud y bienestar	Doctolib, Zocdoc, Healthgrades	Conectan profesionales de la salud con pacientes.
Marketing y publicidad	Hootsuite, HubSpot, Google Ads	Facilitan la gestión de campañas digitales y el análisis de datos.

Tabla de plataformas adecuadas por contexto.

2.3 APLICACIÓN DE LOS PASOS FUNDAMENTALES PARA CREAR UNA PÁGINA WEB

Como ya sabemos, en el ámbito del comercio en internet y bajo el enfoque del Marketing 2.0, crear una página web efectiva es esencial para optimizar recursos y atraer a más clientes potenciales. A continuación, se detallan los pasos fundamentales para llevar a cabo este proceso de manera exitosa:

1. ANÁLISIS Y PLANIFICACIÓN INICIAL
Identificar necesidades del negocio y público objetivo. Definir objetivos: ventas, leads o promoción.

2. DOMINIO Y ALOJAMIENTO
Seleccionar un dominio corto y representativo. Usar alojamientos confiables como AWS o Google Cloud.

3. DISEÑO CENTRADO EN UX
Navegación intuitiva, tiempos de carga rápidos y diseño responsive optimizado para móviles.

4. DESARROLLO Y PROGRAMACIÓN
Usar CMS como WordPress o frameworks como React para personalización y escalabilidad.

5. OPTIMIZACIÓN SEO
Palabras clave, URLs amigables, metaetiquetas y datos estructurados para mejorar el posicionamiento.

6. CREACIÓN DE CONTENIDO
Crear artículos, videos e infografías de valor para atraer y retener usuarios.

7. COMERCIO ELECTRÓNICO
Integrar plataformas como Shopify o WooCommerce con métodos de pago seguros.

8. SEGURIDAD
Implementar certificados SSL/TLS y protección contra malware y ataques DDoS.

9. CUMPLIMIENTO LEGAL
Adaptarse al RGPD con políticas claras de privacidad y consentimiento de cookies.

10. PRUEBAS Y MONITOREO
Realizar pruebas exhaustivas y monitorear con herramientas como Google Analytics.

11. MARKETING DIGITAL
Integrar estrategias de redes sociales, email marketing y campañas de publicidad online.

Análisis y planificación inicial

Antes de iniciar el desarrollo, es fundamental realizar un análisis exhaustivo de las necesidades del negocio y del mercado objetivo. ¿Quién es su público objetivo y qué necesidades tiene? Definir los objetivos de la página web, ya sea venta directa, generación de leads o promoción de marca, guiará todas las decisiones posteriores.

Elección del nombre de dominio y alojamiento web

El nombre de dominio debe ser fácil de recordar, representativo de la marca y preferiblemente corto. Las extensiones de dominio se han diversificado, permitiendo opciones como .shop, .online o .tech, que pueden ser más adecuadas para ciertos negocios. El alojamiento web debe ser confiable, seguro y escalable, capaz de soportar el crecimiento esperado del tráfico. Proveedores como AWS, Google Cloud o Microsoft Azure ofrecen soluciones robustas y seguras.

Diseño centrado en la experiencia de usuario (UX)

Un diseño atractivo y funcional mejora la interacción con los visitantes. La navegación intuitiva, los tiempos de carga rápidos y un diseño responsive que se adapte a diferentes dispositivos son aspectos esenciales. En el contexto actual la optimización móvil no es opcional. Herramientas de diseño como Adobe XD o Sketch pueden ayudar a crear prototipos efectivos.

Desarrollo y programación

Dependiendo de las necesidades y recursos, se puede optar por un sistema de gestión de contenidos (CMS) como WordPress, Joomla o Drupal, que facilitan la administración del sitio sin profundos conocimientos técnicos. Para funcionalidades más personalizadas, se puede recurrir a frameworks de desarrollo web como React, Angular o Vue.js, que permiten crear aplicaciones web dinámicas y escalables:

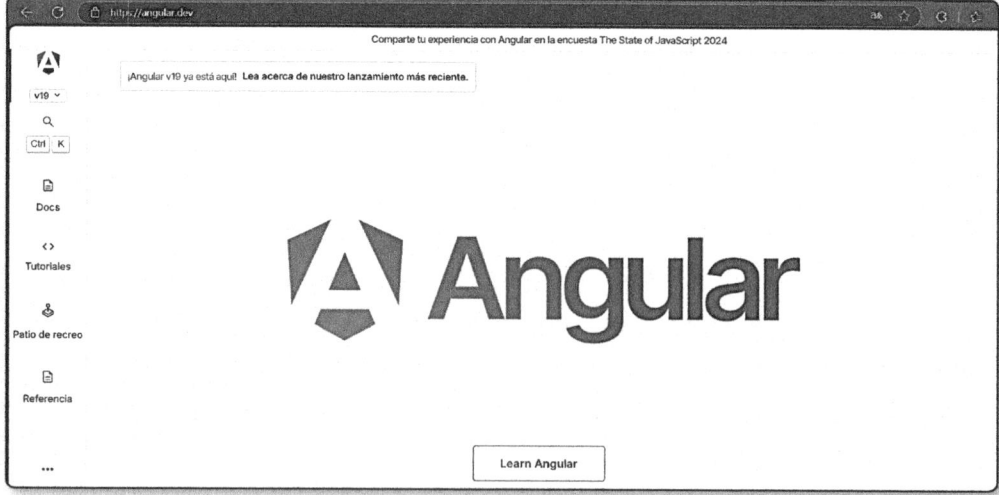

Optimización para motores de búsqueda (SEO)

La optimización SEO es clave para mejorar la visibilidad en los resultados de búsqueda. Esto incluye el uso de palabras clave relevantes, metaetiquetas adecuadas, URLs amigables y contenido de calidad. Además, la implementación de datos estructurados puede mejorar la forma en que la página aparece en los resultados de búsqueda. Herramientas como Google Search Console y SEMrush pueden ayudar a monitorear y mejorar el posicionamiento.

Creación de contenido de valor

El contenido es el motor que atrae y retiene a los visitantes. Artículos de blog, videos informativos, infografías y otros recursos que aporten valor al usuario aumentan la credibilidad y autoridad de la marca. El contenido interactivo y personalizado es tendencia, utilizando tecnologías como la inteligencia artificial para adaptar la experiencia al usuario individual.

Integración de funcionalidades de comercio electrónico

Si la intención es vender productos o servicios, es necesario integrar una plataforma de comercio electrónico. Soluciones como Shopify, WooCommerce o Magento permiten gestionar catálogos de productos, carritos de compra y procesadores de pago de manera eficiente. Es importante ofrecer múltiples métodos de pago seguros, incluyendo tarjetas de crédito, transferencias bancarias y opciones de pago digital como PayPal o Apple Pay.

Implementación de medidas de seguridad

La seguridad es un aspecto crítico en el comercio en línea. La implementación de certificados SSL/TLS asegura que la información transmitida entre el usuario y el servidor esté encriptada. Además, es esencial proteger el sitio contra amenazas como malware, ataques DDoS y vulnerabilidades en el código. Soluciones como firewalls de aplicaciones web (WAF) y servicios de monitoreo continuo ayudan a mantener la integridad del sitio.

Cumplimiento de regulaciones y normativas

El cumplimiento de leyes y regulaciones, como el Reglamento General de Protección de Datos (RGPD) en Europa, es obligatorio. Esto implica tener políticas claras de privacidad, obtener el consentimiento del usuario para el uso de cookies y garantizar el derecho al olvido. En 2024, la conciencia sobre la privacidad de datos es mayor que nunca, y el incumplimiento puede resultar en sanciones significativas.

Pruebas y aseguramiento de la calidad

Antes del lanzamiento, se deben realizar pruebas exhaustivas para identificar y corregir errores. Las pruebas de funcionalidad, compatibilidad, rendimiento y seguridad aseguran que el sitio funcione correctamente en diferentes navegadores y dispositivos. Herramientas como Selenium para pruebas automatizadas y Lighthouse para auditorías de rendimiento pueden ser de gran ayuda.

Lanzamiento y monitoreo

'Una vez superadas las pruebas, el sitio está listo para su lanzamiento. Sin embargo, el trabajo no termina aquí. El monitoreo continuo del rendimiento, el análisis del comportamiento de los usuarios y la actualización regular del contenido son esenciales para mantener y mejorar la eficacia del sitio. Plataformas como Google Analytics y Hotjar proporcionan insights valiosos para la toma de decisiones informadas.

Integración con estrategias de marketing digital

Para maximizar el alcance y atraer más clientes potenciales, es importante integrar la página web con otras estrategias de marketing digital. Esto incluye la presencia activa en redes sociales, campañas de email marketing, publicidad en línea mediante Google Ads o Facebook Ads y la implementación de estrategias de inbound marketing. La automatización de marketing, utilizando herramientas como HubSpot o Mailchimp, puede mejorar la eficiencia y personalización de las campañas.

Actualización y adaptación tecnológica

La tecnología evoluciona rápidamente, y es importante mantenerse actualizado. La adopción de nuevas tendencias como la realidad aumentada (AR), chatbots con inteligencia artificial para atención al cliente, y la optimización para búsquedas por voz pueden ofrecer ventajas competitivas. Además, la adaptación a nuevas normativas y estándares técnicos garantiza la sostenibilidad a largo plazo del sitio web.

Ejemplo práctico

Creación de la página web de la empresa "Editorial Coronado García":

1. Análisis y planificación inicial

   En enero de 2024, Editorial Coronado García, especializada en literatura contemporánea y recursos educativos, decide expandir su presencia en línea para aumentar sus ventas y fortalecer su marca. Realiza una investigación de mercado y descubre que el 65% de sus clientes potenciales prefieren comprar libros en línea y están activos en redes sociales como Instagram y TikTok.

   La empresa establece objetivos claros:

   - Incrementar las ventas en línea en un 30% durante el primer año.

   - Aumentar el tráfico web mensual a 10.000 visitantes únicos.

   - Crear una comunidad en línea de lectores y educadores con al menos 5.000 suscriptores al boletín en seis meses.

2. Elección del nombre de dominio y alojamiento web

   Tras verificar la disponibilidad, eligen el dominio principal www.editorialcoronadogarcia.com, reflejando directamente su identidad. También registran variantes como www.coronadogarcia.shop para futuras estrategias. Optan por un servicio de alojamiento web en la nube con Microsoft Azure, que ofrece escalabilidad y robustas medidas de seguridad.

3. Diseño centrado en la experiencia de usuario (UX)

Contratan a una agencia de diseño web especializada en el sector editorial. Deciden utilizar una paleta de colores que transmita profesionalismo y creatividad: tonos azules para confianza y naranjas para dinamismo. El sitio se estructura con un menú superior que incluye: Inicio, Libros, Cursos, Blog, Sobre nosotras y Contacto.

Implementan un diseño responsive utilizando el framework Bootstrap 5, asegurando compatibilidad con dispositivos móviles. Añaden funciones de accesibilidad, como texto alternativo en imágenes y opciones de alto contraste, cumpliendo con las directrices WCAG 2.1 nivel AA.

4. Desarrollo y programación

Eligen WordPress 6.1 como CMS por su flexibilidad y facilidad de uso. Integran WooCommerce 5.9 para la gestión de la tienda en línea. Desarrollan un tema personalizado utilizando HTML5, CSS3 y JavaScript (ES6), asegurando una experiencia única.

Para la plataforma de cursos en línea, instalan el plugin LearnDash 4.0, permitiendo la creación y gestión de cursos, lecciones y evaluaciones. Personalizan funcionalidades específicas con PHP 8.0 para adaptarse a sus necesidades.

5. Optimización para motores de búsqueda (SEO)

El equipo de marketing realiza una investigación de palabras clave con SEMrush y determina que términos como "libros de literatura contemporánea", "editorial educativa" y "cursos en línea para docentes" tienen alto volumen de búsqueda.

Optimizan cada página con meta títulos y descripciones precisas. Por ejemplo, para la página de libros: "Libros de Literatura Contemporánea | Editorial Coronado García". Crean URLs amigables como /libros/literatura-contemporánea.

Generan un sitemap XML y lo envían a Google Search Console para facilitar la indexación. Implementan datos estructurados con Schema.org para mejorar la apariencia en los resultados de búsqueda.

6. Creación de contenido de valor

Inician un blog con publicaciones semanales sobre tendencias literarias, entrevistas con autores y recursos educativos. Un artículo destacado es "10 libros imprescindibles de la literatura contemporánea en 2024", incluyendo enlaces a sus propias publicaciones.

Producen videos cortos para TikTok e Instagram Reels, donde autores presentan sus libros y comparten insights. Ofrecen un ebook gratuito titulado "Guía para educadores del siglo XXI" a cambio de la suscripción al boletín, aumentando su base de datos.

7. Integración de funcionalidades de comercio electrónico

En la tienda en línea, ofrecen 150 títulos disponibles en formato físico y digital. Integran pasarelas de pago seguras como Stripe, PayPal y, adaptándose a las tendencias de 2024.

Implementan un sistema de envío automatizado conectado con DHL y FedEx, permitiendo a los clientes rastrear sus pedidos en tiempo real. Ofrecen promociones como envío gratuito en compras superiores a 50€ y descuentos por primera compra.

8. Implementación de medidas de seguridad

Instalan un certificado SSL de Let's Encrypt para encriptar las comunicaciones. Configuran un Web Application Firewall (WAF) con Cloudflare para protegerse contra ataques cibernéticos.

Realizan auditorías de seguridad mensuales utilizando herramientas como Nessus y mantienen actualizado todo el software para prevenir vulnerabilidades.

9. Cumplimiento de regulaciones y normativas

Publican una política de privacidad detallada y términos de uso claros. Implementan un banner de consentimiento de cookies que cumple con el RGPD y la Ley de Cookies española.

Ofrecen a los usuarios opciones para gestionar sus datos personales, incluyendo la solicitud de eliminación o modificación, asegurando el cumplimiento con las regulaciones de protección de datos.

10. Pruebas y aseguramiento de la calidad

Realizan pruebas de usabilidad con un grupo de 20 usuarios representativos de su público objetivo. Recogen feedback y ajustan aspectos como la navegación y la disposición de elementos clave.

Utilizan GTmetrix y Google PageSpeed Insights para optimizar el rendimiento, logrando tiempos de carga inferiores a 2 segundos. Verifican la compatibilidad en los principales navegadores: Chrome, Firefox, Safari y Edge.

11. Lanzamiento y monitoreo

Lanzan el sitio web en marzo de 2024. Configuran Google Analytics 4 para monitorear el tráfico y el comportamiento de los usuarios.

Establecen KPIs como:

- Tasa de conversión del 2.5%.
- Promedio de tiempo en el sitio de 3 minutos.
- Porcentaje de rebote inferior al 40%.

Utilizan Hotjar para analizar mapas de calor y entender mejor la interacción de los visitantes, identificando oportunidades de mejora.

12. Integración con estrategias de marketing digital

Inician campañas de publicidad en Google Ads, segmentando por intereses y palabras clave relevantes. Lanzan una campaña en Facebook Ads dirigida a usuarios interesados en literatura y educación.

Colaboran con 5 influencers literarios en Instagram con entre 50.000 y 100.000 seguidores, acordando publicaciones patrocinadas y sorteos de libros.

Implementan una estrategia de email marketing con Mailchimp, enviando newsletters quincenales con contenido exclusivo y ofertas especiales.

13. Actualización y adaptación tecnológica

Adoptan un chatbot con inteligencia artificial desarrollado con Dialogflow para ofrecer soporte al cliente 24/7, resolviendo consultas frecuentes y mejorando la experiencia del usuario.

Exploran la incorporación de realidad aumentada (AR) en su aplicación móvil, permitiendo a los usuarios escanear las portadas de los libros y acceder a contenido adicional, como vídeos del autor o fragmentos interactivos.

Mantienen el sitio y las aplicaciones actualizadas, siguiendo las mejores prácticas de desarrollo y seguridad para garantizar un rendimiento óptimo.

Resultados alcanzados

A los seis meses del lanzamiento, Editorial Coronado García logra:

- Incrementar las ventas en línea en un 35%, superando su objetivo inicial.

- Alcanzar un tráfico mensual de 12.000 visitantes únicos.

- Construir una comunidad de 6.500 suscriptores al boletín.

- Mejorar su posicionamiento SEO, apareciendo en la primera página de Google para varias palabras clave estratégicas.

2.4 TRASLADO DEL PROCEDIMIENTO CLÁSICO DEL MARKETING A LA RED

El marketing tradicional, con sus fundamentos en las 4P (Producto, Precio, Plaza y Promoción), ha sido la columna vertebral de las estrategias comerciales durante décadas. Sin embargo, en la era digital, es indispensable trasladar estos procedimientos al entorno en línea para mantenerse competitivo. ¿Cómo se logra esta adaptación efectiva sin perder la esencia de las estrategias clásicas?

En primer lugar, la digitalización del producto implica ofrecer versiones en línea de los bienes o servicios y también adaptar su presentación y funcionalidades a las expectativas del consumidor digital. Por ejemplo, las tiendas de música han evolucionado de vender discos físicos a ofrecer streaming a través de plataformas como Spotify o Apple Music.

El precio en el ámbito digital requiere considerar factores como la competencia global y la facilidad con la que los clientes pueden comparar opciones en línea. Herramientas de análisis de precios y estrategias de pricing dinámico permiten ajustar los costes en tiempo real, optimizando la rentabilidad.

La plaza, o distribución, se transforma con el comercio electrónico. Como ya sabemos las empresas pueden alcanzar mercados internacionales sin necesidad de presencia física, utilizando plataformas como Amazon, eBay o incluso tiendas en línea propias.

En cuanto a la promoción, el traslado a la red amplía enormemente las posibilidades. Las estrategias de publicidad se adaptan a medios digitales como redes sociales, correo electrónico y motores de búsqueda. Por ejemplo, una campaña que antes se limitaba a vallas publicitarias ahora puede segmentarse y personalizarse para distintos públicos a través de anuncios en Facebook Ads o Google Ads.

Además, el marketing de contenidos y el inbound marketing se convierten en pilares fundamentales. En lugar de mensajes publicitarios directos, las empresas generan contenido de valor que atrae a los clientes de forma orgánica. Blogs, vídeos informativos y webinars son herramientas efectivas para educar y conectar con la audiencia. A continuación, se detallan estas estrategias:

Marketing de contenidos

▸ El marketing de contenidos es una estrategia que se centra en la creación y distribución de contenido valioso, relevante y consistente para atraer y retener a una audiencia definida, con el objetivo de impulsar acciones rentables por parte del cliente. En lugar de promover directamente productos o servicios, esta técnica busca educar, informar o entretener al público objetivo.

▸ Por ejemplo, una empresa que vende productos de jardinería podría crear un blog con artículos sobre cómo cuidar diferentes tipos de plantas, consejos para el diseño de jardines o guías estacionales. Al proporcionar información útil, la empresa se posiciona como una autoridad en el tema, generando confianza y aumentando la probabilidad de que los lectores recurran a sus productos cuando lo necesiten.

Inbound marketing

▸ Por su parte el inbound marketing es una metodología que combina varias técnicas de marketing digital, incluyendo el marketing de contenidos, SEO (optimización para motores de búsqueda), y redes sociales, para atraer a los clientes de manera orgánica. A diferencia del marketing tradicional, que interrumpe al consumidor con anuncios, el inbound marketing se basa en ser encontrado por los clientes potenciales cuando estos están buscando información o soluciones a sus necesidades.

▸ Siguiendo con el ejemplo anterior, la empresa de jardinería utilizaría técnicas de SEO para que sus artículos aparezcan en los primeros resultados de búsqueda en Google cuando alguien consulta "cómo cuidar plantas de interior". Además, compartiría este contenido en redes sociales para ampliar su alcance. De esta forma, los clientes llegan a la empresa de forma natural, incrementando las posibilidades de conversión.

2.5 REALIZACIÓN DE PERFORMANCE MARKETING (COSTE SEGÚN RESULTADOS)

El performance marketing, o marketing de rendimiento, es una estrategia donde los anunciantes pagan únicamente por acciones específicas realizadas por el usuario, como clics, registros o ventas. Esta metodología permite una asignación de recursos más eficiente, ya que la inversión está directamente vinculada a los resultados obtenidos.

En el contexto del comercio en internet, el performance marketing se ha convertido en una herramienta esencial para maximizar el retorno de la inversión (ROI). Plataformas como Google Ads, Facebook Ads y LinkedIn Ads ofrecen modelos de pago por clic (PPC), costo por adquisición (CPA) y costo por mil impresiones (CPM), adaptándose a los objetivos específicos de cada campaña.

Por ejemplo, una empresa que desea aumentar las ventas de su tienda en línea puede implementar una campaña de Google Ads utilizando el modelo CPA. De esta manera, solo paga cuando un usuario realiza una compra, garantizando que cada euro invertido genere un retorno directo. Es similar a pagar comisiones únicamente cuando un vendedor cierra una venta, optimizando así los recursos financieros.

Sitio web de Google Ads.

Ejemplo práctico

Para comprender cómo Google Ads puede ayudar a tu empresa a crecer, utilizaremos un ejemplo práctico con Infusiones Lannister, una empresa ficticia dedicada a la venta de tés e infusiones de alta calidad. A través de este caso, te mostraremos paso a paso cómo configurar y optimizar una campaña en Google Ads, incluyendo precios y datos concretos.

• **PASO 1.** Definir objetivos claros

Infusiones Lannister establece los siguientes objetivos para su campaña:

- ▸ Aumentar las ventas en línea en un 25% durante el próximo trimestre.

- ▸ Incrementar el tráfico al sitio web en un 40%.

- ▸ Mejorar el reconocimiento de marca en el mercado de tés e infusiones premium.

• **PASO 2.** Crear una cuenta en Google Ads

La empresa se registra en Google Ads y configura su cuenta con la información necesaria, incluyendo detalles de facturación y datos de contacto.

• **PASO 3.** Investigación de palabras clave

Utilizando la herramienta Keyword Planner de Google Ads, Infusiones Lannister identifica palabras clave relevantes:

- ▸ "Comprar té online": 10.000 búsquedas mensuales, competencia media, CPC estimado de 0.50 €.

- ⚑ "Té verde orgánico": 6.000 búsquedas mensuales, competencia alta, CPC estimado de 0.70 €.

- ⚑ "Infusiones relajantes": 4.000 búsquedas mensuales, competencia baja, CPC estimado de 0.40 €.

- ⚑ "Té matcha premium": 3.000 búsquedas mensuales, competencia alta, CPC estimado de 0.80 €.

- ⚑ "Regalos de té gourmet": 2.000 búsquedas mensuales, competencia media, CPC estimado de 0.60 €.

- **PASO 4.** Creación de la campaña

  - ⚑ Tipo de campaña: red de búsqueda.

  - ⚑ Nombre de la campaña: "Infusiones Lannister–Tés Premium".

  Configuración básica:

  - ⚑ Redes: solo en la Red de Búsqueda de Google.

  - ⚑ Ubicación: España.

  - ⚑ Idiomas: Español.

  - ⚑ Presupuesto diario: 50 €.

  - ⚑ Estrategia de puja: CPC manual.

- **PASO 5.** Creación de grupos de anuncios y anuncios

  Grupo de anuncios 1: Tés orgánicos

  Palabras clave:

  - ⚑ "Té verde orgánico".

  - ⚑ "Té blanco orgánico".

  - ⚑ "Té negro orgánico".

Anuncio:

- Título 1: "Té orgánico de alta calidad".
- Título 2: "Envío gratis en pedidos > 30€".
- Descripción: "Descubre nuestros tés orgánicos seleccionados. ¡Compra ahora y recibe un 10% de descuento!".
- URL Visible: www.infusioneslannister.com/te-organico

Grupo de anuncios 2: infusiones relajantes

Palabras clave:

- "Infusiones relajantes".
- "Té para dormir".
- "Infusiones naturales".

Anuncio:

- Título 1: "Infusiones relajantes naturales".
- Título 2: "Ideal para el bienestar".
- Descripción: "Mejora tu descanso con nuestras infusiones. Ingredientes 100% naturales".
- URL Visible: www.infusioneslannister.com/infusiones-relajantes

Grupo de anuncios 3: Té Matcha premium

Palabras clave:

- "Té matcha premium".
- "Comprar té matcha".
- "Té matcha online".

Anuncio:

- ☛ Título 1: "Té Matcha premium japonés".

- ☛ Título 2: "Calidad ceremonial".

- ☛ Descripción: "Experimenta el auténtico té matcha. Directo de Japón a tu taza".

- ☛ URL Visible: www.infusioneslannister.com/te-matcha

- **PASO 6.** Configuración de pujas

Se establecen pujas máximas por clic (CPC) basadas en la competencia y el presupuesto:

- ☛ "Té verde orgánico": puja de 0.70 €.

- ☛ "Infusiones relajantes": puja de 0.50 €.

- ☛ "Té matcha premium": puja de 0.80 €.

- **PASO 7.** Uso de extensiones de anuncios

Para enriquecer los anuncios, se agregan extensiones:

Extensiones de enlace de sitio:

- ☛ "Nuevos productos".

- ☛ "Ofertas especiales".

- ☛ "Accesorios para té".

- ☛ "Blog de té y salud".

Extensión de llamada:

- ☛ Número de teléfono: +34 912 345 678

Extensión de promoción:

- ☛ "10% de descuento en la primera compra con el código LANNISTER10".

• **PASO 8.** Segmentación del público

  ▸ Ubicación: España, con énfasis en ciudades como Madrid, Barcelona y Valencia.

  ▸ Horarios: anuncios activos de 8:00 a 23:00 horas.

  ▸ Dispositivos: ajuste de puja para móviles (+20%), ya que el 60% de las búsquedas se realizan desde dispositivos móviles.

  ▸ Audiencias: personas interesadas en bienestar, productos orgánicos y gastronomía.

• **PASO 9.** Implementación del seguimiento de conversiones

  Para medir el rendimiento, se configuran:

  ▸ Seguimiento de compras realizadas en el sitio web.

  ▸ Seguimiento de suscripciones al boletín.

  ▸ Valor de conversión: se asigna el valor monetario de cada venta para calcular el retorno de la inversión.

• **PASO 10.** Lanzamiento y monitoreo de la campaña

  La campaña se lanza y, tras una semana, se obtienen los siguientes resultados:

  ▸ Impresiones: 30.000.

  ▸ Clics: 1.500.

  ▸ CTR (Click-Through Rate): 5%.

  ▸ CPC promedio: 0.60 €.

  ▸ Costo total: 900 € (1.500 clics x 0.60 €).

  ▸ Conversiones (ventas): 100.

  ▸ Coste por conversión: 9 € (900 € / 100 ventas).

  ▸ Ingresos generados: 4.000 € (venta promedio de 40 € por pedido).

Análisis de resultados y optimización

ROAS (Retorno de la inversión publicitaria):

- ROAS = Ingresos generados / Costo total.
- ROAS = 4.000 € / 900 € = 444%.
- Esto significa que por cada euro invertido en publicidad, Infusiones Lannister ha obtenido 4,44 € en ingresos.

Optimización realizada:

- Palabras clave negativas: se agregan términos como "gratis", "recetas", "casero" para evitar clics no deseados.
- Ajustes de puja: se incrementa la puja en un 15% para las palabras clave con mejor rendimiento.
- Anuncios A/B Testing: se crean nuevas versiones de los anuncios para probar cuál tiene mejor conversión.

Expansión a la red de display y remarketing

Campaña de remarketing:

- Objetivo: reimpactar a los usuarios que visitaron el sitio web, pero no realizaron una compra.
- Anuncios gráficos: se diseñan banners atractivos con ofertas especiales.
- Segmentación: usuarios que abandonaron el carrito de compra.
- Presupuesto diario: 20 €.

Resultados tras un mes:
- Impresiones: 200.000.
- Clics: 4.000.
- CPC promedio: 0.30 €.
- Costo total: 1.200 €.
- Conversiones adicionales: 80.
- Ingresos generados: 3.200 €.

Conclusión y recomendaciones

Gracias a la implementación de Google Ads, Infusiones Lannister logró:

▼ Aumentar las ventas en línea en un 30%, superando el objetivo inicial.

▼ Incrementar el tráfico al sitio web en un 50%.

▼ Mejorar el reconocimiento de marca, evidenciado por el aumento en búsquedas directas y tráfico orgánico.

Consejos para tu empresa

▼ Define objetivos medibles: establece metas claras para evaluar el éxito de tus campañas.

▼ Investiga y selecciona palabras clave relevantes: utiliza herramientas como el Planificador de Palabras Clave.

▼ Crea anuncios atractivos: destaca ofertas, beneficios y utiliza llamados a la acción efectivos.

▼ Segmenta adecuadamente tu público: aumenta la relevancia de tus anuncios para el público objetivo.

▼ Monitorea y optimiza constantemente: revisa las métricas y ajusta las estrategias según los resultados.

▼ Utiliza el remarketing: reimpacta a usuarios interesados para incrementar las conversiones.

El performance marketing también facilita una medición precisa y en tiempo real de las campañas. Herramientas analíticas permiten monitorear métricas como el costo por lead (CPL), el lifetime value (LTV) del cliente y el retorno de la inversión publicitaria (ROAS). Esto habilita ajustes inmediatos para mejorar el rendimiento, como modificar anuncios, ajustar segmentaciones o redistribuir presupuestos hacia canales más efectivos.

Además, el performance marketing se beneficia de técnicas avanzadas como el remarketing y el retargeting, que permiten volver a impactar a usuarios que han interactuado previamente con la marca. Por ejemplo, si un usuario visita un sitio web y muestra interés en un producto, pero no completa la compra, se le pueden mostrar anuncios personalizados para incentivarlo a finalizar la transacción.

ⓘ Saber más

El remarketing es una estrategia de marketing digital que busca volver a conectar con usuarios que han interactuado previamente con tu sitio web o aplicación, pero que no completaron una acción deseada, como una compra o un registro. Utilizando datos recopilados a través de cookies o identificadores anónimos, puedes mostrar anuncios personalizados a estos usuarios mientras navegan por otros sitios web o utilizan aplicaciones dentro de la red publicitaria de Google. Es una forma efectiva de recordarles tu marca y animarlos a regresar para finalizar la acción pendiente.

El retargeting es una técnica similar que implica dirigir anuncios a usuarios que han visitado previamente tu sitio web, pero se aplica de manera más amplia en diferentes plataformas y redes publicitarias, no solo en Google. Se basa en el uso de tecnologías de seguimiento, como píxeles y cookies, para mostrar anuncios personalizados a estos usuarios en una variedad de sitios web y redes sociales. En esencia, el retargeting amplía el alcance del remarketing más allá de una única red publicitaria, permitiendo una mayor cobertura para reenganchar a tus visitantes anteriores.

Es importante considerar que, aunque el performance marketing ofrece numerosas ventajas, también requiere una gestión cuidadosa. La competencia en línea es intensa, y los costes por clic o por adquisición pueden aumentar si no se optimizan las campañas adecuadamente. ¿Está su equipo preparado para analizar datos y tomar decisiones basadas en métricas clave?

Para maximizar los resultados, es recomendable combinar el performance marketing con otras estrategias digitales. Por ejemplo, mejorar el SEO del sitio web puede reducir la dependencia de la publicidad de pago al aumentar el tráfico orgánico. Asimismo, ofrecer contenido de calidad y una experiencia de usuario óptima incrementa las tasas de conversión, potenciando el efecto de las campañas de rendimiento.

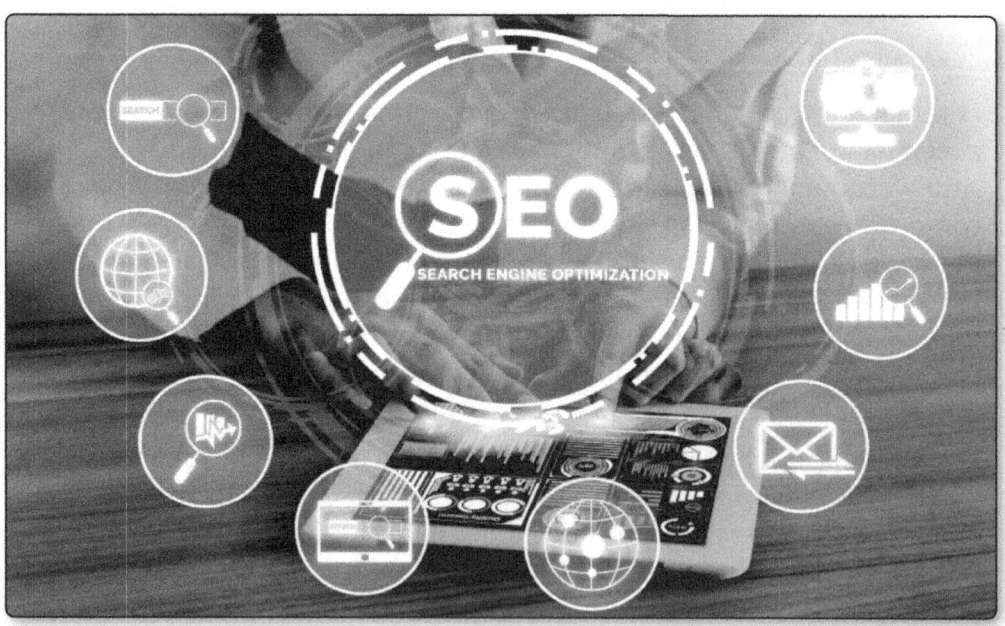

2.6 REALIZACIÓN DE DISPLAY (PUBLICIDAD GRÁFICA EN LA RED)

La publicidad gráfica en internet, conocida como display, se ha convertido en una herramienta esencial para aumentar la visibilidad de las marcas en un mercado digital cada vez más competitivo. Este tipo de publicidad se basa en el uso de elementos visuales como imágenes, banners, vídeos y animaciones para captar la atención de los usuarios en sitios web, aplicaciones o redes sociales. Pero, ¿por qué es tan efectiva?

Una de las razones clave es su capacidad para segmentar audiencias. A través de plataformas como Google Ads, Meta Ads o incluso redes publicitarias especializadas, las empresas pueden dirigirse a usuarios específicos según criterios como edad, ubicación, intereses y comportamiento en línea. Por ejemplo, si una tienda de ropa online quiere promocionar una colección de invierno, podría dirigir sus anuncios a personas que han mostrado interés en moda o han comprado prendas similares recientemente.

Además, la publicidad gráfica ofrece formatos interactivos que mejoran la experiencia del usuario y también aumentan las probabilidades de conversión. Un ejemplo claro de esto son los anuncios rich media, que incluyen elementos interactivos como botones clicables o formularios directamente integrados en el anuncio. ¿Qué ventaja tiene esto frente a los banners tradicionales? La posibilidad de captar datos o generar interacción sin necesidad de redirigir al usuario fuera del sitio donde ve el anuncio.

Por supuesto, la medición del rendimiento es fundamental. Herramientas como Google Analytics permiten analizar métricas clave, como el CTR (click-through rate), las conversiones generadas y el ROI (retorno de inversión). Estas métricas sirven para evaluar el éxito de una campaña y para ajustar las estrategias en tiempo real y optimizar el presupuesto publicitario.

Un aspecto que considerar en España es la normativa sobre cookies y protección de datos, regulada por el RGPD. Es indispensable que los anuncios display respeten estas leyes, informando al usuario de manera clara sobre el uso de sus datos y permitiéndole dar su consentimiento antes de ser impactado por campañas segmentadas.

2.7 USO DEL EMAIL MARKETING

El email marketing sigue siendo una de las estrategias más eficaces y económicas en el comercio electrónico, a pesar de la proliferación de nuevas herramientas digitales. Consiste en el envío de correos electrónicos personalizados y segmentados a una lista de contactos, con el objetivo de promocionar productos, informar sobre novedades o fidelizar a los clientes. ¿Qué hace que esta estrategia sea tan valiosa?

Una de sus grandes ventajas es la personalización. Gracias al uso de herramientas avanzadas de CRM (Customer Relationship Management) y plataformas de email como Mailchimp o HubSpot, las empresas pueden diseñar correos que incluyan el nombre del destinatario, ofertas específicas basadas en sus intereses o recordatorios relacionados con compras anteriores. Por ejemplo, un cliente que dejó productos en el carrito de una tienda online puede recibir un correo con un descuento especial para completar su compra. ¿No es esta una forma directa de aumentar la conversión?

Sitio web de Mailchimp.

Ejemplo práctico

Ejemplos de mensajes personalizados de email marketing según la situación:

1. Recordatorio de carrito abandonado

¡No dejes escapar tu carrito!

Hola, [Nombre del cliente]:

Notamos que has dejado algunos productos en tu carrito y no queremos que te los pierdas. Para ayudarte, te ofrecemos un **10% de descuento** si completas tu compra en las próximas 24 horas.

En tu carrito:

- [Nombre del producto 1]
- [Nombre del producto 2]

Recuperar mi carrito

¡Date prisa! Esta promoción termina pronto.

Gracias por la confianza,
[Nombre de la tienda]

2. Ofertas personalizadas basadas en el historial de compra

¡[Nombre del cliente], estas ofertas son para ti! 🎉

Hola, **[Nombre del cliente]**:

Hemos seleccionado algunas recomendaciones que sabemos que te encantarán, basándonos en tu última compra. Échales un vistazo:

Producto relacionado 1: [descripción breve]

Producto relacionado 2: [descripción breve]

Además, disfruta de un **20% de descuento** en tus próximas compras usando el código **BIENVENIDO20**.

Ver mis ofertas

Estamos encantados de tenerte con nosotros.

¡Gracias por elegir **[Nombre de la tienda]**!

[Nombre del equipo de soporte]

---

3. Promoción exclusiva por inactividad del cliente

¡Te echamos de menos, [Nombre del cliente]! 💌

Hola, [Nombre del cliente]:

Hace tiempo que no sabemos de ti, y queremos darte una razón para volver. Por eso, hemos preparado una oferta especial solo para ti: **15% de descuento** en toda nuestra tienda.

Usa el código **TEQUEREMOS15** antes del [fecha de expiración].

Volver a la tienda

Esperamos verte pronto. ¡Te lo pondremos fácil!

[Nombre del equipo de soporte]

4. Anuncio de un producto en preventa

¡Sé la primera persona en tener [Nombre del producto]! 🚀

Hola, [Nombre del cliente]:

Queremos que seas de las primeras personas en descubrir nuestro nuevo lanzamiento: **[Nombre del producto]**.

Disponible en **preventa exclusiva** desde hoy, con envío prioritario para los primeros 100 pedidos.

Por qué te encantará:

- Beneficio destacado 1
- Beneficio destacado 2

Reservar mi preventa

¡Gracias por ser parte de nuestra comunidad!

[Firma del equipo de la tienda]

5. Felicitación de cumpleaños con descuento

¡Feliz cumpleaños, [Nombre del cliente]! 🎂

Hola, [Nombre del cliente]:

En tu día especial, queremos celebrarlo contigo. Por eso, te regalamos un **20% de descuento** en tu próxima compra.

Solo usa el código **CUMPLE20** al realizar tu pedido.

Aprovechar mi regalo

¡Feliz cumpleaños de parte de todo el equipo de [Nombre de la tienda]! 🎉

[Firma del equipo de la tienda]

El coste-beneficio también es un factor destacable. Comparado con otras estrategias, como la publicidad display o el marketing en redes sociales, el email marketing requiere una inversión significativamente menor. Sin embargo, su retorno puede ser sorprendentemente alto cuando se ejecuta correctamente.

Otro punto clave es la automatización. Hoy en día, los flujos de automatización permiten enviar correos en el momento adecuado según el comportamiento del usuario. Por ejemplo, un cliente que adquiere un producto puede recibir automáticamente un email con recomendaciones relacionadas, mientras que un usuario inactivo puede ser incentivado con ofertas exclusivas para reengancharse.

Como ya sabemos, en España, el cumplimiento del RGPD es especialmente relevante. En el caso del email marketing, esto implica que las empresas deben obtener el consentimiento explícito de los usuarios para incluirlos en sus listas de correo y ofrecer la posibilidad de darse de baja fácilmente en cada comunicación. Ignorar estas normas puede derivar en sanciones significativas y dañar la reputación de la marca.

> ### ⓘ Nota
>
> Una de las tendencias más actuales es el uso de correos interactivos que incluyen elementos como encuestas, botones dinámicos o incluso carritos de compra directamente integrados.

2.8 ORGANIZACIÓN DE CAMPAÑAS SEM (PUBLICIDAD EN BUSCADORES; POSICIONAMIENTO PATROCINADO O DE PAGO)

El SEM (Search Engine Marketing) consiste en la creación y gestión de campañas de publicidad pagada en buscadores como Google, Bing o Yahoo. Estas campañas tienen como objetivo destacar una empresa o producto en los resultados de búsqueda, generando visibilidad inmediata y atrayendo tráfico cualificado hacia un sitio web. A diferencia del SEO, que se basa en estrategias orgánicas a largo plazo, el SEM permite obtener resultados casi instantáneos, aunque requiere una inversión económica.

En el contexto del comercio en internet, organizar una campaña SEM implica varios pasos clave:

1. **Selección de palabras clave:** la base de una buena campaña SEM es identificar los términos o frases que los usuarios utilizan para buscar productos o servicios relacionados con tu negocio. Por ejemplo, si gestionas una tienda online de productos de montaña, palabras como "comprar botas de trekking" o "equipamiento para senderismo" pueden ser relevantes. Herramientas como Google Keyword Planner son fundamentales para realizar esta investigación.

2. **Definición del presupuesto:** una ventaja del SEM es que permite ajustar el gasto diario según las posibilidades del anunciante. Si bien es común pensar que las campañas exitosas requieren grandes inversiones, lo cierto es que con una buena segmentación se pueden lograr resultados significativos con presupuestos moderados.

3. **Segmentación de la audiencia:** una campaña SEM efectiva no trata de llegar a todo el mundo, sino al público objetivo. Las plataformas de publicidad permiten segmentar por ubicación geográfica, edad, género, intereses o incluso comportamiento online. Por ejemplo, un negocio local en Madrid puede dirigir su campaña únicamente a personas que se encuentren en esa ciudad.

4. **Creación de anuncios atractivos:** los anuncios deben captar la atención del usuario y motivarlo a hacer clic. Para ello, es importante incluir un título llamativo, una descripción clara y, si es posible, una llamada a la acción (CTA). Por ejemplo, "Descubre las mejores ofertas en botas de trekking – Envío gratis".

5. **Medición y optimización:** las campañas SEM deben analizarse constantemente para garantizar su rentabilidad. Herramientas como Google Ads proporcionan métricas clave como el CTR (porcentaje de clics), el CPC (costo por clic) y el ROI (retorno de inversión). ¿Qué ocurre si un anuncio no está funcionando bien? Se ajustan las palabras clave, el texto del anuncio o la segmentación hasta obtener mejores resultados.

Ejemplo práctico

Estrategia SEM para una empresa de venta de autocaravanas:

La empresa "Rutas sobre ruedas" se dedica a la venta de autocaravanas en España. Tiene su sede en Barcelona, pero realiza envíos a toda España. Además de las ventas, ofrece alquiler de autocaravanas y servicios de mantenimiento. Su objetivo principal es aumentar las ventas de autocaravanas nuevas y atraer a usuarios interesados en la vida sobre ruedas.

1. **Selección de palabras clave**

   El equipo utiliza herramientas como Google Keyword Planner para identificar palabras clave relevantes. Algunas de las seleccionadas son:

   - "Comprar autocaravanas nuevas en España" (volumen de búsqueda: 1.300/mes, alta intención de compra).

   - "Autocaravanas en oferta" (volumen: 800/mes).

   - "Precio autocaravanas camperizadas" (volumen: 500/mes).

   - "Venta de autocaravanas Barcelona" (volumen: 600/mes, segmentación local).

   - "Autocaravanas de lujo España" (volumen: 300/mes).

   Estas palabras clave muestran un equilibrio entre búsquedas generales y términos más específicos que indican intención de compra inmediata.

2. **Definición del presupuesto**

   El presupuesto mensual se establece en 3.000 €, con una inversión diaria aproximada de 100 €. Este presupuesto se reparte entre varias campañas:

- Campaña 1: enfoque nacional para palabras clave generales como "comprar autocaravanas nuevas".

- Campaña 2: enfoque local en Barcelona, dirigiéndose a compradores cercanos.

- Campaña 3: segmento premium para palabras clave como "autocaravanas de lujo".

Se espera un CPC (costo por clic) promedio de 1,50 €, lo que permitiría unos 2.000 clics mensuales, suponiendo un CTR (porcentaje de clics) del 3-5%.

3. **Segmentación de la audiencia**

Utilizando Google Ads, la segmentación incluye:

Ubicación: campañas nacionales para toda España, pero con énfasis en Cataluña y provincias con alta demanda como Madrid y Valencia.

- Intereses: personas interesadas en viajes, campismo y vehículos recreativos.

- Edad: mayores de 30 años, ya que suelen ser quienes disponen de presupuesto para adquirir una autocaravana.

- Dispositivos: enfoque en móviles y tablets, ya que el 70% de las búsquedas relacionadas con autocaravanas provienen de estos dispositivos.

4. **Creación de anuncios atractivos**

Se diseñan anuncios llamativos con un claro enfoque en las ventajas y beneficios:

Ejemplo de anuncio 1:

- Título: "Autocaravanas nuevas a medida – Envío a toda España".

- Descripción: "Descubre nuestras autocaravanas desde 39.000 €. Personaliza la tuya y vive la aventura sobre ruedas. Visítanos en Barcelona o compra online. ¡Financiación disponible!".

- CTA: "Ver modelos ahora".

Ejemplo de anuncio 2 (local):

- Título: "Autocaravanas en Barcelona – ¡Ofertas únicas!".

- Descripción: "Elige entre modelos nuevos y de ocasión. Financiación y mantenimiento garantizados. Visítanos en nuestro showroom".

- CTA: "Reserva tu cita".

5. **Medición y optimización**

Después de lanzar las campañas, se realizan mediciones utilizando Google Ads y Google Analytics. Algunos resultados iniciales son:

- CTR: campaña nacional (4%), campaña local (5,2%), segmento premium (3,8%).

- CPC promedio: 1,60 €.

- Conversión: el 2% de los clics en anuncios generan consultas de compra (40 consultas en el primer mes).

- ROI: por cada 1.000 € invertidos, la empresa genera 2 ventas de autocaravanas (valor promedio de venta: 42.000 €).

Con base en los resultados, el equipo ajusta las campañas:

- Optimización de palabras clave: se eliminan las palabras con bajo rendimiento como "autocaravanas camperizadas" y se refuerzan aquellas con mejor CTR, como "comprar autocaravanas nuevas".

- Pruebas A/B: Se testean diferentes descripciones en los anuncios para mejorar el CTR.

- Segmentación local: Se amplía la cobertura geográfica a Zaragoza y Bilbao, donde las búsquedas están en aumento.

Con la optimización, la empresa proyecta:

- Incrementar el CTR a un 5% promedio.

- Reducir el CPC a 1,40 € mediante la mejora de la relevancia de los anuncios.

- Generar al menos 50 ventas al año a través de campañas SEM, lo que representaría más del 30% de sus ingresos anuales.

En la actualidad, las tendencias en SEM están marcadas por la automatización y el uso de inteligencia artificial, que permiten optimizar las campañas en tiempo real y adaptarse rápidamente a los cambios en el comportamiento del consumidor.

2.9 POSICIONAMIENTO ORGÁNICO SEO (POSICIONAMIENTO POR CONTENIDO)

El SEO (Search Engine Optimization) se enfoca en mejorar la visibilidad de un sitio web en los resultados de búsqueda orgánicos, es decir, aquellos que no requieren pago directo. Esta estrategia es esencial para el comercio en internet, ya que un buen posicionamiento puede generar tráfico constante y de calidad a lo largo del tiempo. Pero, ¿cómo se logra este posicionamiento?

Creación de contenido relevante

La piedra angular del SEO es el contenido. Google y otros motores de búsqueda priorizan las páginas que ofrecen información valiosa y pertinente para los usuarios. Por ejemplo, si tienes un ecommerce de productos de cocina, un artículo titulado "10 recetas fáciles con utensilios básicos" puede atraer a usuarios interesados en tu catálogo.

Optimización de palabras clave

Al igual que en el SEM, las palabras clave son fundamentales. Sin embargo, en SEO estas deben integrarse de manera natural en el contenido, títulos, descripciones y etiquetas. Esto no significa saturar el texto con palabras repetidas, sino utilizarlas estratégicamente para que los motores de búsqueda comprendan el tema de la página.

Estructura del sitio web

Un sitio bien estructurado facilita tanto la navegación del usuario como la indexación por parte de los buscadores. Esto incluye utilizar URLs limpias, enlaces internos que conecten las páginas entre sí y un diseño responsive que se adapte a dispositivos móviles.

Velocidad de carga

Un factor técnico cada vez más relevante es la velocidad de carga de la página. Un sitio que tarda más de tres segundos en cargar puede perder hasta un 50% de sus visitantes. Herramientas como PageSpeed Insights de Google permiten identificar problemas y proponer soluciones.

Enlaces entrantes (backlinks)

Los enlaces de calidad que dirigen hacia tu sitio web son un indicador para Google de que tu contenido es relevante. Sin embargo, no se trata de conseguir enlaces de cualquier lugar, sino de páginas con autoridad y relacionadas con tu sector.

A continuación, se expone una lista de trucos para mejorar el SEO:

▸ Crea contenido relevante y valioso:

- Publica información que responda preguntas o resuelva problemas de tus usuarios.

- Usa ejemplos prácticos, como listas o guías relacionadas con tu sector.

▸ Usa palabras clave estratégicamente:

- Integra palabras clave de forma natural en títulos, subtítulos y texto.

- Evita la saturación ("keyword stuffing") para no ser penalizado.

▸ Optimiza la estructura del sitio web:

- Diseña una navegación intuitiva con enlaces internos bien organizados.

- Asegúrate de que tus URLs sean limpias y descriptivas (ejemplo: tutienda.com/productos/cuchillos).

▸ Mejora la velocidad de carga:

- Comprime imágenes y optimiza scripts para acelerar el tiempo de respuesta.

- Usa herramientas como PageSpeed Insights para identificar áreas de mejora.

▸ Haz tu sitio responsive:

- Adapta el diseño para que funcione perfectamente en móviles y tabletas.

- Esto es clave ya que el tráfico móvil sigue creciendo.

- Construye enlaces entrantes de calidad (backlinks):

  - Busca colaboraciones con páginas relacionadas de alta autoridad.

  - Evita comprar enlaces de sitios poco fiables.

- Usa metaetiquetas atractivas:

  - Escribe títulos (meta titles) que sean llamativos y descriptivos.

  - Completa las meta descripciones para mejorar el CTR (Click Through Rate).

- Actualiza el contenido regularmente:

  - Mantén tu sitio dinámico con publicaciones nuevas y actualizaciones en artículos antiguos.

- Optimiza imágenes y multimedia:

  - Usa descripciones en las etiquetas ALT para ayudar a los motores de búsqueda a entenderlas.

  - Comprime imágenes sin perder calidad para mejorar la velocidad.

- Monitorea tu progreso:

  - Utiliza herramientas como Google Analytics y Search Console para medir el impacto de tus estrategias.

El SEO es una estrategia a largo plazo, pero sus resultados son altamente sostenibles. A medida que se mejora el contenido y la estructura del sitio, el tráfico orgánico aumenta de forma progresiva, generando clientes potenciales sin necesidad de una inversión constante en publicidad.

2.10 PROCEDIMIENTOS DE ANÁLISIS

El análisis de resultados es una etapa indispensable en cualquier estrategia de marketing 2.0, ya sea SEM, SEO o cualquier otra táctica digital. Sin un análisis adecuado, las empresas estarían operando a ciegas, sin saber qué está funcionando y qué no. Pero, ¿qué implica este análisis en el comercio en internet?

Como sabemos, en la actualidad herramientas como Google Analytics continúan siendo indispensables para comprender el comportamiento del tráfico web, aunque alternativas como Matomo y Adobe Analytics están ganando relevancia. Estas plataformas ofrecen información detallada sobre los visitantes, cómo llegaron al sitio y las acciones que realizaron, proporcionando una base sólida para tomar decisiones estratégicas.

Es igualmente importante establecer KPIs (indicadores clave de rendimiento) alineados con los objetivos de la campaña. Por ejemplo, si el propósito es incrementar las ventas, los KPIs clave podrían ser la tasa de conversión, el valor medio del carrito o el número de transacciones completadas. Por otro lado, si el enfoque está en aumentar la visibilidad, métricas como el tráfico orgánico o el alcance publicitario resultan más significativas.

Realizar un análisis comparativo de los datos actuales frente a períodos anteriores también ayuda a identificar tendencias y patrones. Por ejemplo, un comercio electrónico podría detectar un aumento de tráfico durante las rebajas de verano y ajustar sus estrategias para maximizar el impacto en ese periodo en el futuro.

La representación visual de los datos es otra técnica fundamental para mejorar la comprensión de la información. Herramientas como Data Studio o Tableau facilitan la creación de gráficos e informes interactivos que hacen más sencillo interpretar el rendimiento de las campañas, optimizando así el proceso de toma de decisiones.

Ejemplo práctico

Este gráfico compara el tráfico web obtenido de diferentes canales durante el primer (Q1) y el segundo trimestre (Q2):

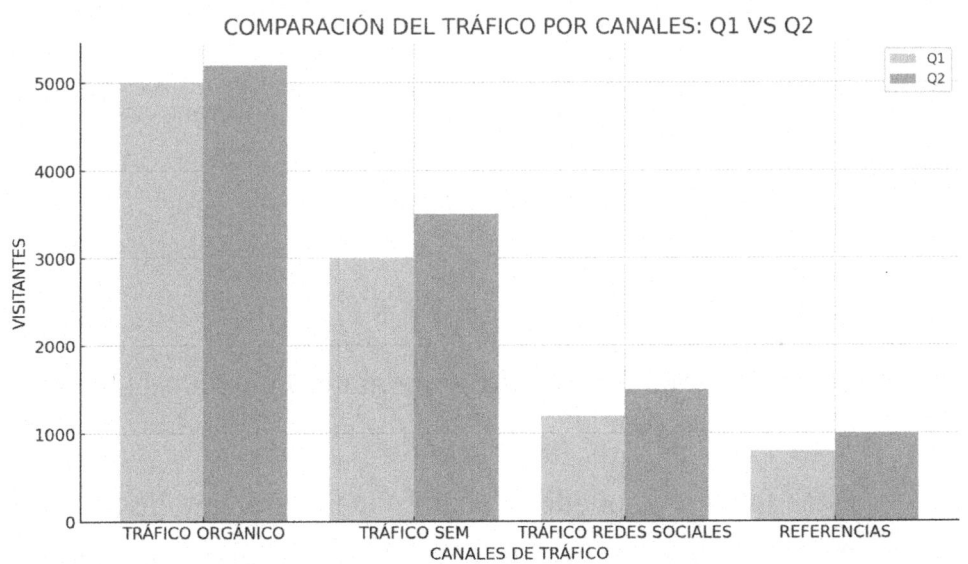

Tráfico orgánico:

▸ En Q1, se obtuvieron 5.000 visitantes.

▸ En Q2, el tráfico aumentó ligeramente a 5.200 visitantes, lo que indica una leve mejora en SEO, posiblemente por la optimización de palabras clave o contenido actualizado.

Tráfico SEM (Search Engine Marketing):

▸ En Q1, el tráfico fue de 3.000 visitantes, aumentando a 3.500 en Q2.

▸ Este incremento puede deberse a campañas publicitarias más efectivas o un aumento en el presupuesto de anuncios.

Tráfico desde redes sociales:

▸ Hubo un notable aumento, pasando de 1.200 visitantes en Q1 a 1.500 en Q2.

▸ Este crecimiento sugiere una mayor interacción en las redes sociales, publicaciones más atractivas o una mejor segmentación del público objetivo.

Referencias (Backlinks):

▸ Este canal también mejoró, aumentando de 800 visitantes en Q1 a 1.000 en Q2.

▸ Este incremento puede reflejar un mayor número de backlinks relevantes o colaboraciones con sitios de autoridad.

Acciones para tomar:

▼ Aumentar la inversión en redes sociales:

Este canal muestra un crecimiento significativo, por lo que sería estratégico reforzar las campañas en plataformas como Instagram o Facebook.

▼ Optimizar el SEM:

Aunque creció, su impacto podría ser mayor. Es recomendable revisar las palabras clave y ajustar los anuncios para maximizar la conversión.

▼ Potenciar el SEO:

El tráfico orgánico muestra una leve mejora, pero podría beneficiarse de una revisión más profunda en la estrategia de contenido y backlinks.

▼ Fortalecer relaciones externas:

Los backlinks están mejorando, pero un enfoque en asociaciones con sitios de alta autoridad podría generar aún más tráfico de calidad.

Por último, es esencial realizar ajustes basados en los resultados obtenidos. Por ejemplo, si ciertas palabras clave no están generando el tráfico esperado en SEM o si una página muestra una alta tasa de rebote en SEO, es fundamental actuar de inmediato. El análisis de datos no solo debe servir para describir el estado actual, sino también como una herramienta activa para ajustar estrategias y mejorar el rendimiento general.

> ### ⓘ Reflexión
>
> Los procedimientos de análisis son el hilo conductor que permite a las empresas mejorar continuamente sus esfuerzos de marketing digital, adaptándose a las necesidades de los clientes y a un entorno competitivo que cambia constantemente. ¿Estás dedicando suficiente tiempo a analizar y optimizar tus estrategias?

2.11 REALIZACIÓN DE MARKETING EN LÍNEA TENIENDO EN CUENTA CONTEXTO, PRODUCTO Y COMUNIDAD

El marketing en línea debe adaptarse a las características del producto, el entorno digital en el que opera la empresa y las particularidades de la comunidad objetivo. Este enfoque integral permite que las estrategias sean más eficaces y conecten de manera auténtica con el público.

Por ejemplo, una tienda online de productos ecológicos debe tener en cuenta que su comunidad probablemente valore la sostenibilidad y busque marcas que reflejen este compromiso. En este caso, el contexto es un mercado digital competitivo donde la diferenciación puede venir de destacar prácticas responsables. Las campañas publicitarias podrían centrarse en las ventajas de los productos (como ingredientes orgánicos o envases biodegradables) y utilizar plataformas donde esta comunidad interactúe, como Instagram o Pinterest.

Además, es fundamental entender el contexto cultural y social de los usuarios. Por ejemplo, en España, durante fechas específicas como el Black Friday o las rebajas de enero, los consumidores buscan descuentos y promociones. Adaptar el mensaje al momento puede marcar la diferencia entre captar clientes o perderlos frente a la competencia.

> **ⓘ Reflexión**
>
> ¿Es suficiente tener un buen producto si el mensaje no conecta con tu audiencia en el momento adecuado?

2.12 IDENTIFICACIÓN DE LAS HERRAMIENTAS ADECUADAS

Para optimizar el marketing en línea, es esencial elegir herramientas que se alineen con los objetivos de la empresa. Existen diversas categorías que pueden cubrir distintas necesidades:

- **Gestión de redes sociales:** herramientas como Hootsuite o Buffer permiten programar publicaciones, analizar métricas y gestionar múltiples plataformas desde un único panel. Por ejemplo, una empresa puede analizar qué días y horarios generan más interacción para ajustar su calendario de publicaciones.

- **SEO y análisis web:** Google Analytics es una referencia para medir el tráfico y el comportamiento de los usuarios en la web, mientras que herramientas como SEMrush o Ahrefs ayudan a identificar palabras clave y estrategias de la competencia.

- **Email marketing:** plataformas como Mailchimp o ActiveCampaign son ideales para diseñar correos personalizados, automatizar envíos y medir tasas de apertura y conversión.

- **Diseño y contenido:** Canva, Adobe Spark o Figma son útiles para crear contenido visual atractivo, una necesidad básica en campañas de marketing.

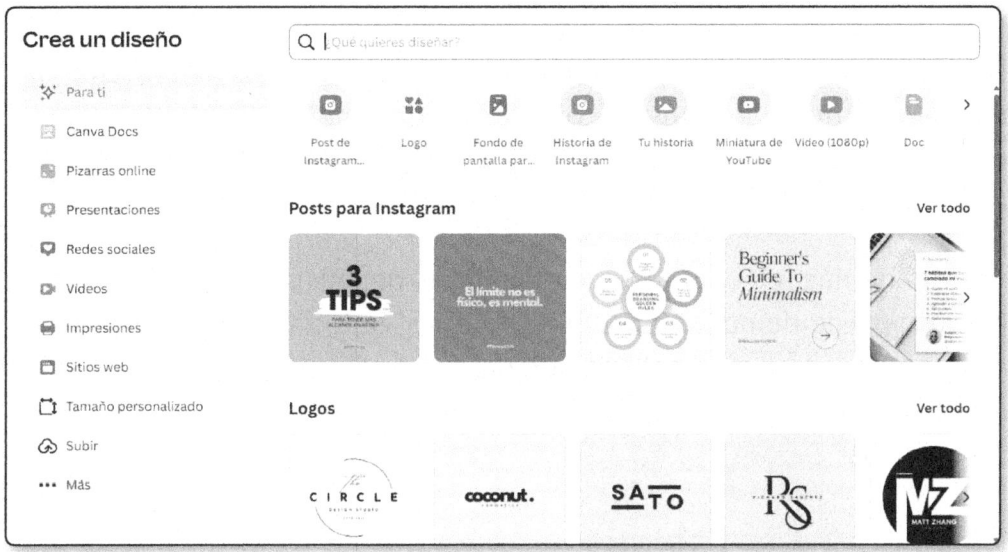

Crear diseño en Canva.

2.13 USO DE EPRODUCT MARKETING

El eProduct marketing se centra en la promoción de productos digitales o en digitalizar productos físicos para su venta en línea. Esto incluye desde ebooks, cursos en línea y software, hasta productos físicos que se distribuyen a través de plataformas digitales como Amazon o Etsy.

Un ejemplo puede ser una empresa que vende ropa personalizada. Podría ofrecer un configurador en línea que permita a los clientes diseñar sus prendas antes de comprarlas. Esto mejora la experiencia del usuario y también fomenta la personalización, un valor muy buscado en la actualidad.

Además, el eProduct marketing se beneficia de técnicas como la creación de demos interactivas, pruebas gratuitas (muy comunes en software) o videos explicativos que muestren el uso y los beneficios del producto. Esto facilita que el cliente tome una decisión informada antes de comprar.

2.14 USO DE ERESEARH

El eResearch consiste en utilizar herramientas digitales para investigar el mercado, los competidores y el comportamiento del consumidor. En un entorno tan dinámico como el comercio en internet, la capacidad de adaptarse a cambios rápidos depende de una investigación constante.

Por ejemplo, una empresa que vende productos tecnológicos podría utilizar herramientas como Google Trends para identificar tendencias emergentes en búsquedas relacionadas con sus productos. Si detecta que los "auriculares inalámbricos con cancelación de ruido" están ganando popularidad, podría ajustar su inventario o campañas publicitarias para satisfacer esta demanda.

El eResearch también implica analizar las opiniones de los clientes en plataformas como Trustpilot o foros especializados. Esto ayuda a identificar puntos fuertes y áreas de mejora, fortaleciendo la propuesta de valor del negocio.

Sitio web de Trustpilot.

2.15 USO DE EPRICING

El ePricing se refiere a la estrategia de establecer precios en un entorno digital, considerando factores como la competencia, la elasticidad de la demanda y las expectativas del consumidor.

El uso de precios dinámicos es cada vez más común. Plataformas como Amazon ajustan sus precios varias veces al día en función de la demanda, el stock disponible y las estrategias de sus competidores. Una tienda online puede implementar esta técnica utilizando herramientas como Prisync, que permite monitorizar los precios de la competencia y ajustar automáticamente los propios.

Sitio web de Prisync.

Además, el ePricing facilita realizar pruebas A/B para evaluar cómo diferentes precios afectan a las ventas. Por ejemplo, una empresa podría ofrecer un producto a 49,99 € y otro grupo a 45,99 € para analizar cuál genera más conversiones. Estas pruebas pueden revelar insights valiosos sobre la percepción del precio por parte de los consumidores.

2.16 GESTIÓN DE EPROMOTION Y EAUDIT

La ePromotion abarca todas las estrategias promocionales realizadas en el ámbito digital, como descuentos exclusivos, campañas en redes sociales o colaboraciones con influencers. En el comercio en internet, estas promociones deben ser claras y accesibles, evitando confusiones que puedan generar desconfianza.

Por ejemplo, una tienda que ofrece "envío gratuito en pedidos superiores a 50 €" debe destacar esta promoción en su página principal y durante el proceso de compra. Esto incentiva compras mayores y mejora la experiencia del cliente.

La eAudit, por su parte, se centra en evaluar la eficacia de las estrategias digitales. Esto incluye revisar la tasa de conversión de una campaña, analizar el retorno de inversión (ROI) o identificar cuellos de botella en el proceso de compra.

Supongamos que una empresa detecta que muchos usuarios abandonan el carrito antes de completar la compra. Mediante una auditoría digital, puede identificar problemas como gastos de envío poco claros o un proceso de pago demasiado largo, y tomar medidas para corregirlos.

2.17 GESTIÓN DE ECOMMERCE

La gestión de eCommerce implica administrar y optimizar todas las operaciones de una tienda online para garantizar una experiencia de usuario fluida y maximizar las ventas. Esto incluye desde la selección y presentación de los productos hasta la logística y el soporte al cliente. En 2024, con un comercio digital altamente competitivo, una buena gestión de eCommerce se basa en los siguientes pilares:

Diseño de la plataforma

La tienda online debe ser intuitiva, rápida y adaptable a dispositivos móviles (diseño responsive).

Catálogo de productos optimizado

Incluir descripciones detalladas, imágenes de alta calidad y opiniones de clientes ayuda a construir confianza. Plataformas como Shopify o WooCommerce facilitan esta gestión, pero deben configurarse adecuadamente.

Procesos de compra simplificados

Reducir los pasos necesarios para realizar una compra aumenta las tasas de conversión. Por ejemplo, permitir opciones como "compra como invitado" o métodos de pago variados (tarjeta, PayPal, Bizum) mejora la experiencia del cliente.

Logística eficiente

Un eCommerce exitoso gestiona envíos rápidos y económicos. Empresas como Amazon han popularizado estándares de entrega en 24 horas, lo que obliga a otros comercios a competir en este aspecto.

Análisis de datos

Las herramientas de análisis de datos permiten identificar puntos de mejora en el recorrido del cliente, como páginas con altas tasas de rebote o carritos abandonados.

2.18 GESTIÓN DE EADVERTISING

La gestión de eAdvertising se centra en planificar, ejecutar y evaluar campañas de publicidad digital. Esto abarca estrategias en buscadores, redes sociales, banners y más. En el comercio en internet, esta gestión se orienta a obtener el mejor retorno de inversión (ROI) utilizando las siguientes prácticas:

Segmentación precisa

Una campaña de eAdvertising efectiva dirige sus anuncios a públicos específicos. Por ejemplo, un ecommerce de ropa para bebés podría segmentar a mujeres entre 25 y 40 años interesadas en productos infantiles.

Variedad de formatos publicitarios

Utilizar banners, vídeos o anuncios interactivos en plataformas como Google Ads o Meta Ads aumenta las posibilidades de captar la atención del cliente. En la actualidad, los vídeos cortos y dinámicos son especialmente efectivos, según datos de tendencias de marketing digital.

A/B testing

Probar diferentes versiones de un anuncio para medir cuál tiene mejor rendimiento es una práctica esencial. Por ejemplo, cambiar el texto del CTA ("Compra ahora" vs. "Descubre más") puede influir significativamente en la tasa de clics.

Control del gasto publicitario

Establecer presupuestos diarios y analizar métricas como CPC (Coste por Clic) o CPA (Coste por Adquisición) ayuda a optimizar la inversión.

2.19 GESTIÓN DE EBRANDING

El eBranding se enfoca en construir y gestionar la identidad de una marca en el entorno digital. Más allá de los productos o servicios, una marca sólida genera confianza y fidelidad entre los clientes.

Utilizar colores, logotipos y tonos de comunicación coherentes en la web, redes sociales y emails refuerza la identidad de la marca. Por ejemplo, Ikea utiliza un estilo visual uniforme en todas sus plataformas, lo que refuerza su imagen global.

Como ya sabemos, plataformas como TikTok o Instagram no solo son herramientas de venta, sino espacios donde las marcas humanizan su imagen. Crear contenido que cuente historias (storytelling) genera conexión emocional con el público.

Además, responder a reseñas, tanto positivas como negativas, y monitorear menciones en redes sociales es clave para mantener una percepción positiva de la marca.

ⓘ Nota

Trabajar con influencers o embajadores de marca que compartan los valores de la empresa puede ampliar significativamente el alcance y fortalecer la imagen de la marca.

2.20 REALIZACIÓN DE TRADE EMARKETING

El trade eMarketing combina estrategias de marketing digital y relaciones comerciales para promover productos en plataformas digitales. Se enfoca en colaborar con distribuidores, marketplaces o afiliados para aumentar la visibilidad y las ventas.

Estar presente en plataformas como Amazon o AliExpress aumenta la exposición del producto. Sin embargo, esto requiere ajustar los precios y asegurarse de que los listados estén optimizados para búsquedas dentro de esos entornos.

Empresas y distribuidores pueden organizar eventos digitales, como rebajas exclusivas, para atraer a clientes. Por ejemplo, una marca de tecnología podría coordinar con MediaMarkt una campaña de "Semana del portátil" con descuentos especiales.

Además, trabajar con redes de afiliados permite que otras páginas promuevan productos a cambio de una comisión. Esta estrategia es especialmente útil para productos de nicho.

2.21 REALIZACIÓN DE ECOMMUNICATION

La eCommunication abarca todas las formas de comunicación digital con los clientes, ya sea a través de correos electrónicos, chats en línea o publicaciones en redes sociales. Una buena estrategia de eCommunication debe ser clara, personalizada y oportuna:

▶ **Automatización de correos electrónicos:** utilizar herramientas como Mailchimp o HubSpot para enviar mensajes personalizados según el comportamiento del cliente (bienvenidas, carritos abandonados, etc.) mejora la tasa de conversión. Por ejemplo, un cliente que visita varias veces una página de producto podría recibir un correo con una oferta especial.

▶ **Chats en tiempo real:** ofrecer atención inmediata mediante chatbots o asistentes en vivo mejora la experiencia del cliente. La inteligencia artificial permite que los chatbots resuelvan consultas complejas, reduciendo los tiempos de espera.

▶ **Redes sociales como canal de comunicación:** las plataformas sociales ya no son solo herramientas de marketing, sino espacios para interactuar directamente con los clientes. Responder preguntas, solucionar problemas y crear encuestas son prácticas comunes.

▶ **Feedback constante:** enviar encuestas de satisfacción o analizar los comentarios de los clientes ayuda a identificar áreas de mejora. Por ejemplo, una tienda online puede preguntar después de cada compra si el proceso de entrega cumplió con las expectativas.

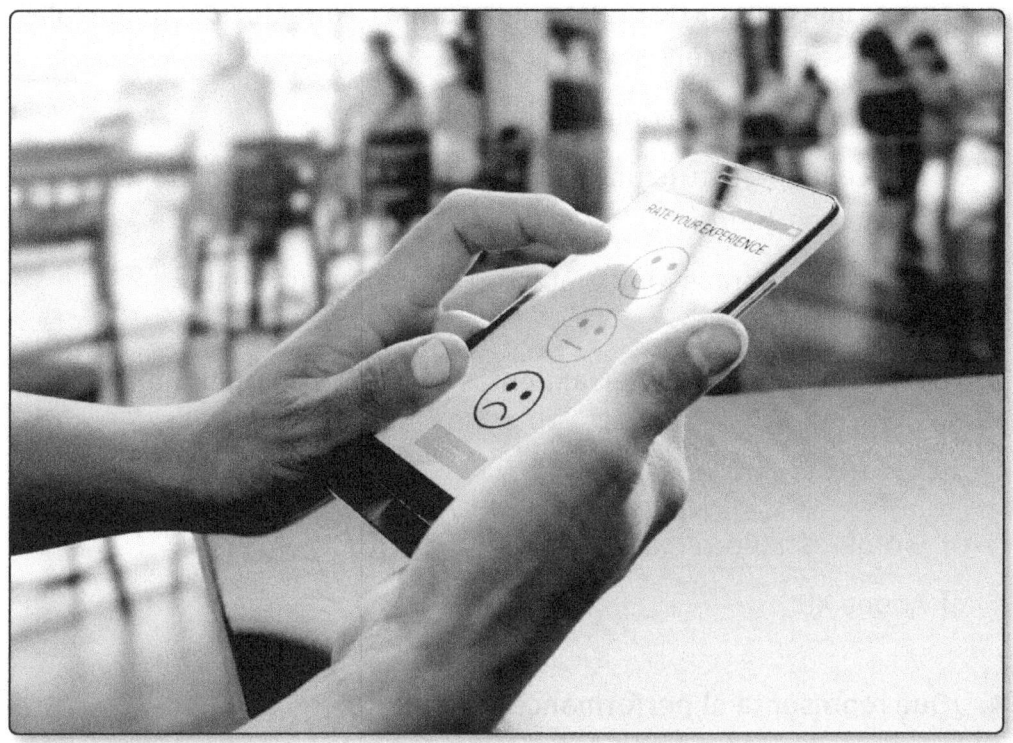

PRUEBA DE AUTOEVALUACIÓN

PREGUNTAS TIPO TEST

1. **¿Cuál es el momento adecuado para crear una página web según el texto?**

   a) Cuando la empresa desea expandirse más allá de los canales tradicionales y ofrecer información detallada en línea. (Correcta)

   b) Después de haber saturado el mercado local con ventas físicas.

   c) Solo cuando la competencia ya tiene presencia en internet.

2. ¿Qué es una ventaja de utilizar plataformas y directorios comerciales para darse a conocer?

a) Permiten evitar la competencia en línea.

b) Ofrecen infraestructuras sólidas y una gran base de usuarios existentes. (Correcta)

c) Garantizan ventas inmediatas sin esfuerzo adicional.

3. ¿Cuál de las siguientes herramientas es un CMS popular mencionado en el texto?

a) React.

b) WordPress. (Correcta)

c) Adobe XD.

4. ¿Qué representa el performance marketing?

a) Una estrategia donde se paga por impresiones de anuncios.

b) Una estrategia donde los anunciantes pagan solo por acciones específicas realizadas por el usuario. (Correcta)

c) Una técnica de marketing tradicional sin medición de resultados.

5. ¿Cuál es una ventaja principal del email marketing según el texto?

a) Requiere una gran inversión inicial.

b) Permite el envío masivo de correos sin segmentación.

c) Ofrece personalización y es una estrategia económica y eficaz. (Correcta)

6. En SEO, ¿qué factor es considerado clave para mejorar el posicionamiento orgánico?

   a) La compra de enlaces sin importar su calidad.

   b) La creación de contenido relevante y de calidad. (Correcta)

   c) El uso excesivo de palabras clave en los textos.

7. ¿Qué herramienta se menciona para realizar análisis de palabras clave y estrategias de la competencia?

   a) Hootsuite.

   b) Canva.

   c) SEMrush. (Correcta)

8. ¿Cuál es una práctica recomendada en la gestión de eCommerce?

   a) Tener procesos de compra complicados para asegurar seguridad.

   b) Reducir los métodos de pago para simplificar la gestión.

   c) Simplificar los procesos de compra y ofrecer múltiples métodos de pago. (Correcta)

9. ¿Qué se entiende por eBranding?

   a) La gestión de la identidad de una marca en el entorno digital. (Correcta)

   b) La creación de tiendas físicas con identidad propia.

   c) El uso de promociones offline para aumentar las ventas.

10. ¿Qué es eResearch?

a) La venta de productos digitales exclusivamente.

b) La utilización de herramientas digitales para investigar el mercado y comportamiento del consumidor. (Correcta)

c) Una estrategia de precios en línea.

FRASES PARA COMPLETAR

1. La estrategia de _____ se basa en mejorar la visibilidad en los resultados de búsqueda orgánicos mediante contenido relevante.

2. El _____ es una metodología donde los anunciantes pagan solo por acciones específicas del usuario, como clics o ventas.

3. Herramientas como _____ permiten programar publicaciones y gestionar múltiples redes sociales desde un único panel.

4. El uso de precios dinámicos en línea es una práctica común en _____.

5. El eProduct marketing se centra en la promoción de productos _____ o en digitalizar productos físicos para su venta en línea.

Respuestas

1. SEO
2. Performance marketing
3. Hootsuite
4. ePricing
5. Digitales

PREGUNTAS DE RESPUESTA CORTA

1. **Explique qué es el performance marketing y cómo beneficia a una empresa en línea.**

   El performance marketing es una estrategia donde los anunciantes pagan únicamente por acciones específicas realizadas por los usuarios, como clics, registros o compras. Esto beneficia a una empresa en línea al asegurar que su inversión publicitaria está directamente vinculada a resultados medibles, optimizando el retorno de la inversión. Permite una asignación eficiente de recursos y facilita la medición y ajuste en tiempo real de las campañas para maximizar su efectividad.

2. **Describa los pasos fundamentales para crear una página web efectiva según el texto.**

   Los pasos fundamentales incluyen: realizar un análisis y planificación inicial para definir objetivos y entender al público objetivo; elegir un nombre de dominio representativo y un alojamiento web confiable; diseñar la página centrada en la experiencia del usuario con navegación intuitiva y diseño responsive; desarrollar y programar la página utilizando CMS o frameworks adecuados; optimizar para motores de búsqueda (SEO) con contenido relevante y uso estratégico de palabras clave; crear contenido de valor; implementar funcionalidades de comercio electrónico si es necesario; garantizar la seguridad con certificados SSL y medidas contra amenazas; cumplir con regulaciones como el RGPD; realizar pruebas exhaustivas antes del lanzamiento; monitorear el rendimiento post-lanzamiento; integrar estrategias de marketing digital y mantener actualizada la tecnología utilizada.

3. ¿Cuál es la diferencia entre el marketing de contenidos y el inbound marketing?

El marketing de contenidos se enfoca en crear y distribuir contenido valioso y relevante para atraer y retener a una audiencia definida, sin promocionar directamente productos o servicios. El inbound marketing es una metodología más amplia que combina el marketing de contenidos con técnicas como SEO y redes sociales para atraer a clientes de manera orgánica cuando buscan información o soluciones, enfocándose en ser encontrado por ellos en lugar de interrumpirlos con publicidad.

4. ¿Cómo puede una empresa utilizar el email marketing para aumentar sus ventas?

Una empresa puede utilizar el email marketing enviando correos electrónicos personalizados y segmentados a su lista de contactos. Mediante herramientas como Mailchimp o HubSpot, puede diseñar mensajes que incluyan ofertas especiales, promociones y recomendaciones basadas en compras anteriores o carritos abandonados, incentivando a los clientes a realizar una compra. La automatización permite enviar correos en momentos estratégicos según el comportamiento del usuario, mejorando la tasa de conversión y fomentando la fidelización.

5. Explique la importancia del análisis de resultados en las estrategias de marketing digital.

El análisis de resultados es clave porque permite a las empresas comprender el rendimiento de sus campañas y tomar decisiones informadas para optimizarlas. Mediante herramientas analíticas, se pueden medir métricas clave como tráfico, conversiones, tasas de rebote y retorno de inversión. Esto ayuda a identificar qué tácticas están funcionando y cuáles necesitan ajustes, facilitando la asignación eficiente de recursos y mejorando la efectividad de las estrategias en un entorno digital dinámico.

3

Presencia en las redes sociales

3.1 ESTABLECIMIENTO PARA EL CONTACTO CON INTERESADOS

La inteligencia artificial en el ámbito del comercio en internet, es fundamental establecer canales efectivos de comunicación con los potenciales clientes. Las redes sociales como Instagram, Facebook y Twitter (ahora X) ofrecen herramientas avanzadas para interactuar directamente con los usuarios interesados en nuestros productos o servicios. ¿Cómo podemos aprovechar estas plataformas al máximo?

Una estrategia efectiva es utilizar chatbots integrados en aplicaciones de mensajería como Facebook Messenger o WhatsApp Business. Estos chatbots, equipados con inteligencia artificial, pueden responder preguntas frecuentes, proporcionar información sobre productos y guiar al cliente durante el proceso de compra, optimizando así los recursos humanos.

Además, la segmentación de audiencia en redes sociales permite dirigir mensajes personalizados a grupos específicos. Por ejemplo, utilizando los datos demográficos y de comportamiento proporcionados por las plataformas, es posible enviar ofertas especiales a usuarios que hayan mostrado interés previo en productos similares. Esto mejora la tasa de conversión y optimiza el presupuesto destinado a marketing.

Además, es esencial implementar técnicas de social listening para entender y responder a las necesidades y opiniones de los clientes en tiempo real. Esto implica monitorear las conversaciones y menciones de la marca en las redes sociales para identificar tendencias, inquietudes o sugerencias. Por ejemplo, si una empresa detecta que varios usuarios están preguntando sobre un producto específico, puede crear contenido detallado o promociones relacionadas para satisfacer esa demanda. Asimismo, organizar sesiones en vivo como webinars o transmisiones en directo en plataformas como Instagram Live o YouTube permite una interacción más personal y directa con los interesados, fomentando una relación de confianza y lealtad hacia la marca.

3.2 EVOLUCIÓN DEL PLAN DE MARKETING AL SOCIAL MEDIA PLAN

El plan de marketing tradicional ha evolucionado significativamente para adaptarse al entorno digital y, más específicamente, a las redes sociales. La integración de estrategias de marketing en redes sociales es indispensable para cualquier negocio en línea que busque optimizar sus recursos y maximizar su alcance.

El Social Media Plan se basa en la creación de contenido relevante y de calidad que genere engagement con la audiencia. Esto implica no solo promocionar productos, sino también construir una comunidad en torno a la marca. Por ejemplo, empresas como Nike han utilizado plataformas como TikTok para lanzar desafíos virales que involucran a los usuarios y aumentan la visibilidad de la marca.

Además, las analíticas avanzadas disponibles en las redes sociales permiten un seguimiento detallado del rendimiento de las campañas. Herramientas como Google Analytics y las métricas internas de las plataformas sociales ofrecen datos en tiempo real sobre el comportamiento de los usuarios, permitiendo ajustar las estrategias en función de los resultados obtenidos.

En la evolución hacia el Social Media Plan, la narrativa y el storytelling se han convertido en pilares fundamentales para conectar emocionalmente con la audiencia. Las marcas ahora buscan contar historias auténticas que reflejen sus valores y misión, lo que facilita una conexión más profunda con los consumidores. Por ejemplo, campañas que destacan testimonios reales de clientes o que abordan causas sociales relevantes pueden generar un mayor impacto y compromiso. Además, el contenido generado por los usuarios (User-Generated Content) se ha vuelto una herramienta poderosa, ya que los clientes confían más en las recomendaciones y experiencias compartidas por otros consumidores. Integrar este tipo de contenido en las estrategias de redes sociales enriquece la autenticidad de la marca y fomenta la participación activa de la comunidad. Es importante que el Social Media Plan esté alineado con los objetivos generales del negocio y mantenga una coherencia en todos los canales para fortalecer la identidad de la marca en el competitivo mercado digital.

3.3 CONOCIMIENTO DE CÓMO DIFUNDIR UNA IDEA EN LA WEB

En el ámbito del comercio en internet, comprender cómo difundir eficazmente una idea en la web es esencial para maximizar el alcance y optimizar los recursos disponibles. ¿Cuál es la mejor manera de lograr que nuestra propuesta destaque en un entorno digital saturado de información?

Una estrategia efectiva es la creación de contenido de alto valor que resuene con la audiencia objetivo. Esto implica no solo presentar información relevante, sino hacerlo de manera que enganche al usuario. Por ejemplo, utilizar narrativas atractivas o storytelling puede hacer que una idea sea más memorable y compartible. Un caso real es la campaña "Share a Coke" de Coca-Cola, donde personalizaron las botellas con nombres comunes, incentivando a los consumidores a buscar y compartir fotos en redes sociales.

El uso de técnicas de SEO (Search Engine Optimization) es también fundamental. Al optimizar el contenido con palabras clave relevantes, metaetiquetas adecuadas y enlaces internos y externos de calidad, aumentamos la visibilidad en motores de búsqueda como Google. Esto es comparable a colocar un anuncio en una avenida principal en lugar de una calle secundaria; aumenta significativamente las posibilidades de ser visto por un público más amplio.

Las redes sociales desempeñan un papel crítico en la difusión. Conocer las características de cada plataforma permite adaptar el mensaje al formato y estilo que mejor funciona en cada una. Por ejemplo, en Instagram, el contenido visual de alta calidad es esencial, mientras que en Twitter, mensajes breves y concisos suelen tener más impacto. Además, aprovechar las tendencias actuales, como los hashtags populares o los desafíos virales, puede amplificar el alcance de la idea.

La colaboración con influencers y microinfluencers es otra táctica efectiva. Estos creadores de contenido ya tienen una audiencia establecida y confianza de sus seguidores. Al asociarnos con ellos, podemos difundir nuestra idea de manera más rápida y efectiva. Por ejemplo, una tienda en línea de productos ecológicos podría colaborar con un influencer enfocado en sostenibilidad para promocionar sus productos.

No debemos olvidar la importancia del email marketing segmentado. Aunque es una técnica más tradicional, sigue siendo efectiva si se personaliza el mensaje según las preferencias y comportamientos del usuario. Herramientas de automatización permiten enviar correos en momentos estratégicos, aumentando la probabilidad de interacción.

3.4 GESTIÓN DE BLOGS Y MICROBLOGS (EVENTOS PARA BLOGGERS)

Los blogs corporativos son herramientas poderosas para ofrecer información detallada sobre productos, servicios y tendencias del sector. Por ejemplo, empresas como Amazon utilizan sus blogs para proporcionar guías de compra, novedades y consejos que enriquecen la experiencia del usuario. Esto mejora el posicionamiento en buscadores mediante técnicas de SEO (Search Engine Optimization) y establece a la empresa como una autoridad en su campo.

Por otro lado, los microblogs como Twitter (ahora X) ofrecen la posibilidad de compartir actualizaciones rápidas y fomentar la interacción en tiempo real. Empresas como Dell han aprovechado Twitter para atender consultas de clientes, promocionar ofertas y gestionar su reputación en línea.

Organizar eventos dirigidos a bloggers e influencers es una estrategia efectiva para amplificar el alcance de la marca y generar contenido orgánico.

Estos eventos pueden incluir:

▸ Lanzamientos de productos: presentar nuevos productos en exclusiva a bloggers para que compartan sus impresiones.

▸ Talleres y webinars: ofrecer formación especializada que los bloggers puedan aplicar y difundir entre sus seguidores.

▸ Experiencias de marca: crear eventos únicos que refuercen los valores y la imagen de la empresa.

Un ejemplo destacado es el caso de GoPro, que organiza eventos de aventura y deporte extremo invitando a bloggers y creadores de contenido. Esto genera material audiovisual auténtico y atractivo que se comparte ampliamente en redes sociales, aumentando la visibilidad de la marca sin incurrir en altos costos publicitarios.

Al gestionar estos eventos, es esencial:

▸ Seleccionar adecuadamente a los participantes: identificar bloggers cuyo público objetivo coincida con el de la empresa.

▸ Proporcionar valor añadido: ofrecer experiencias o información exclusiva que motive a los bloggers a compartir contenido.

▸ Fomentar relaciones a largo plazo: establecer conexiones duraderas que puedan resultar en colaboraciones futuras.

3.5 REALIZACIÓN DEL MARKETING VIRAL

El marketing viral se ha convertido en una herramienta indispensable para las empresas que buscan maximizar su presencia en línea y optimizar sus recursos. Pero, ¿cómo se puede implementar de manera efectiva en el contexto del comercio en internet?

En primer lugar, es esencial crear contenido altamente compartible que resuene con la audiencia objetivo. Esto implica entender profundamente las tendencias actuales en las redes sociales y adaptar el mensaje de la marca para que sea auténtico y atractivo. Por ejemplo, utilizar vídeos cortos y dinámicos en plataformas como TikTok o Instagram Reels puede aumentar exponencialmente la visibilidad de un producto o servicio.

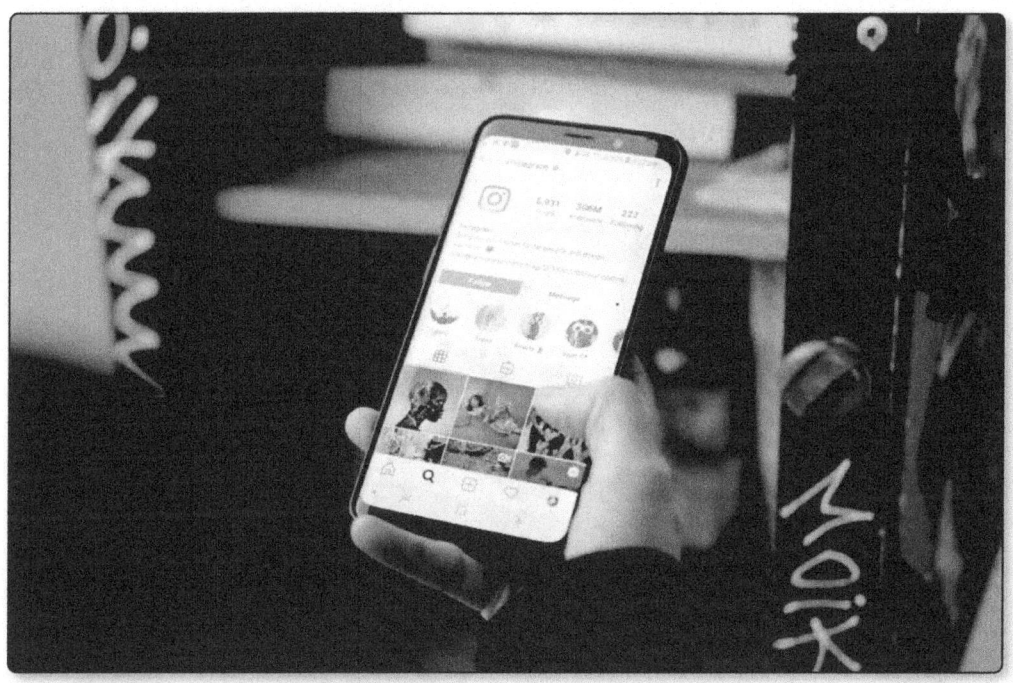

Como ya sabemos, la colaboración con influencers y microinfluencers es otra estrategia efectiva. Estas personas tienen la capacidad de influir en las decisiones de compra de su audiencia, lo que puede generar un aumento significativo en el tráfico hacia la tienda en línea. Es importante seleccionar a aquellos cuya imagen y valores estén alineados con la marca para garantizar una asociación coherente.

Además, implementar técnicas de gamificación puede incentivar a los usuarios a interactuar y compartir el contenido. Crear concursos, desafíos o promociones exclusivas en las redes sociales estimula la participación activa y fomenta la difusión orgánica. Por ejemplo, lanzar un desafío donde los usuarios compartan fotos utilizando un producto específico y etiqueten a la empresa puede generar un efecto multiplicador en la visibilidad de la marca.

El uso de contenido generado por el usuario (UGC, por sus siglas en inglés) también es una táctica eficaz. Al alentar a los clientes a crear y compartir sus propias experiencias con los productos, se crea una sensación de comunidad y autenticidad que puede ser muy atractiva para potenciales clientes.

> **ⓘ Recuerda**
>
> Es fundamental mantener la flexibilidad y estar dispuesto a adaptarse rápidamente a los cambios del entorno digital. Las tendencias en línea pueden ser efímeras, por lo que una respuesta ágil puede ser la clave para aprovechar al máximo las oportunidades que se presenten.

3.6 GESTIÓN DE REDES SOCIALES

Como ya sabemos las redes sociales no solo actúan como un escaparate digital, sino que también son herramientas poderosas para establecer relaciones directas con los consumidores, generar tráfico hacia la web y, en última instancia, incrementar las ventas. Sin embargo, ¿cómo se gestiona eficazmente esta presencia para optimizar recursos y obtener resultados reales?

1. Definición de objetivos claros y medibles

Una gestión eficiente comienza con una planificación estratégica basada en objetivos bien definidos. Estos deben ser específicos, medibles, alcanzables, relevantes y limitados en el tiempo (criterio SMART). Por ejemplo, en lugar de plantear "aumentar las ventas", un objetivo concreto podría ser "incrementar en un 20% las ventas de productos promocionados en Instagram en el próximo trimestre". Este enfoque permite medir los resultados y ajustar las estrategias según sea necesario.

Criterios SMART

S - Específico

Define objetivos claros y detallados para evitar ambigüedades.

M - Medible

El progreso debe ser cuantificable con indicadores claros.

A - Alcanzable

El objetivo debe ser realista según los recursos disponibles.

R - Relevante

Debe alinearse con las metas generales de la organización.

T - Temporal

Debe tener un marco temporal definido para cumplirlo.

2. Selección de plataformas adecuadas

No todas las redes sociales son igualmente efectivas para todos los negocios. Es importante analizar dónde se encuentra el público objetivo. Por ejemplo, LinkedIn es ideal para empresas B2B y profesionales, mientras que Instagram y TikTok funcionan mejor para productos visualmente atractivos dirigidos a un público joven. Centrarse en las plataformas más relevantes evita la dispersión de recursos y maximiza el impacto de las acciones realizadas.

A continuación, se presenta una tabla que ilustra la selección de plataformas adecuadas dependiendo de la edad y el público objetivo:

Edad del público objetivo	Características del público	Plataformas adecuadas
13–17 años.	Adolescentes, seguidores de tendencias, alto consumo de contenido visual y creativo, uso intensivo de dispositivos móviles.	TikTok, Instagram, Snapchat, YouTube.
18–24 años.	Jóvenes adultos, estudiantes universitarios, buscan entretenimiento y conexión social, early adopters de nuevas tecnologías.	Instagram, TikTok, YouTube, Twitter.
25–34 años.	Adultos jóvenes, profesionales emergentes, interesados en desarrollo de carrera y estilo de vida saludable.	Instagram, Facebook, LinkedIn, YouTube.
35–44 años.	Adultos establecidos, poder adquisitivo medio-alto, interés en familia, hogar y bienestar.	Facebook, Instagram, LinkedIn, Pinterest.
45–54 años.	Adultos maduros, estabilidad financiera, valoran contenido útil y relevante, menos inclinados a adoptar nuevas plataformas.	Facebook, LinkedIn, YouTube.
55–64 años.	Prejubilados, interés en salud, viajes, hobbies, aumento gradual en el uso de redes sociales.	Facebook, YouTube, Pinterest.
65 años en adelante.	Jubilados, mayor tiempo libre, adopción creciente de tecnología, prefieren contenidos claros y sencillos.	Facebook, YouTube.

- TikTok es especialmente popular entre usuarios de 13 a 24 años, ofreciendo contenido dinámico y viral que capta rápidamente la atención.

- Instagram atrae a un público amplio de 18 a 34 años, ideal para compartir contenido visualmente atractivo y conectar a través de historias y reels.

- Facebook sigue siendo dominante entre usuarios de 25 años en adelante, perfecto para compartir contenido detallado y construir comunidades sólidas.

- LinkedIn es esencial para públicos de 25 a 54 años interesados en networking profesional y desarrollo de carrera.

- YouTube es transversal a casi todas las edades, óptimo para contenido educativo, tutoriales y demostraciones de productos.

- Pinterest es popular entre usuarios de 35 a 64 años, especialmente para temas de decoración, moda, cocina y proyectos DIY.

- Twitter es eficaz para públicos de 18 a 44 años, centrado en noticias, tendencias y comunicación directa.

3. Creación y programación de contenido relevante

El contenido es la base de cualquier estrategia en redes sociales. Para captar la atención del público, el contenido debe ser interesante, útil y alineado con los intereses del usuario. En el comercio en internet, esto incluye desde publicaciones informativas sobre productos hasta tutoriales, promociones y contenido generado por los propios usuarios (UGC).

La programación de publicaciones es igualmente importante. Herramientas como Hootsuite, Buffer o la propia Meta Business Suite permiten planificar contenido con antelación, garantizando una presencia constante sin necesidad de dedicar tiempo diario a la publicación. Además, analizar los momentos en los que los seguidores están más activos asegura una mayor interacción. Conocer las horas óptimas para publicar en las redes sociales es fundamental para maximizar el alcance y la interacción con el público objetivo. A continuación, se presenta una tabla que indica las mejores horas para publicar en diferentes plataformas. Es importante tener en cuenta que estos horarios pueden variar según la zona horaria y el comportamiento específico de la audiencia de cada empresa:

Red social	Mejores días para publicar	Mejores horas para Publicar (Hora local)	Comentarios
Facebook	Miércoles y jueves.	13:00–15:00 y 18:00–20:00	Mayor actividad durante la hora de almuerzo y después del trabajo.
Instagram	Lunes, miércoles y jueves.	11:00–13:00 y 19:00–21:00	Altas interacciones en horas de descanso y por la noche.
Twitter	Martes y miércoles.	12:00–15:00	Uso frecuente durante pausas laborales.
LinkedIn	Martes y jueves.	08:00–10:00 y 17:00–18:00	Actividad elevada al inicio y final de la jornada laboral.
TikTok	Martes, jueves y viernes.	15:00–17:00 y 19:00–21:00	Mayor participación después de clases o trabajo.
Pinterest	Sábados y domingos.	14:00–16:00	Uso intensivo durante el fin de semana para planificación.
YouTube	Viernes y sábado.	18:00–21:00	Visualización de vídeos en tiempo libre y fines de semana.

4. Interacción activa con los usuarios

Una gestión adecuada no se limita a publicar contenido. Responder comentarios, mensajes privados y menciones es fundamental para construir una relación cercana con los clientes. ¿Quién no valora una respuesta rápida y personalizada a sus dudas? Este tipo de interacción mejora la percepción de la marca y genera confianza.

Por ejemplo, si un usuario pregunta sobre la disponibilidad de un producto en Instagram, responder rápidamente puede influir directamente en su decisión de compra. Además, aprovechar el feedback que dejan los usuarios en comentarios o encuestas ayuda a mejorar los productos o servicios ofrecidos.

5. Monitorización y análisis del rendimiento

La gestión de redes sociales requiere un análisis continuo del rendimiento. Cada plataforma ofrece herramientas analíticas que permiten evaluar métricas como alcance, impresiones, tasa de interacción y conversiones. Por ejemplo, Instagram Insights y Facebook Analytics proporcionan datos detallados sobre el comportamiento de los seguidores y el éxito de cada publicación.

Un comercio en internet puede identificar qué tipo de contenido genera más interacciones y ajustar su estrategia en consecuencia. Si una tienda online observa que los vídeos cortos generan más ventas que las imágenes estáticas, puede dedicar más recursos a la producción de este formato.

6. Gestión de crisis en redes sociales

Ningún negocio está exento de recibir comentarios negativos o enfrentar situaciones difíciles en redes sociales. Una buena gestión implica tener un plan para manejar estas crisis de manera profesional y rápida. Ignorar o eliminar comentarios negativos puede dañar la reputación de la marca. En cambio, responder de manera empática y ofrecer soluciones demuestra compromiso con los clientes.

Por ejemplo, si un cliente se queja públicamente de un retraso en la entrega, la empresa puede disculparse, explicar las causas y ofrecer una solución, como un descuento en la próxima compra. Este tipo de respuesta calma al cliente afectado y también muestra a otros usuarios que la marca es responsable y está dispuesta a resolver problemas.

7. Uso de herramientas de gestión

Para optimizar los recursos, es esencial utilizar herramientas que simplifiquen y automaticen tareas repetitivas. Plataformas como Sprout Social, SocialBee o Later permiten centralizar la gestión de varias redes sociales, programar publicaciones y analizar métricas desde un único lugar. Además, herramientas de escucha social como Brandwatch o Mention ayudan a rastrear menciones de la marca y entender lo que se dice sobre ella.

8. Colaboración con influencers y creación de alianzas

En muchos casos, la gestión de redes sociales incluye trabajar con influencers para aumentar la visibilidad de la marca. Es importante seleccionar colaboradores cuyos valores e intereses se alineen con los de la empresa. Por ejemplo, un comercio de productos ecológicos debería asociarse con influencers especializados en sostenibilidad o estilo de vida saludable. Estas colaboraciones pueden estructurarse en torno a campañas específicas, códigos de descuento o contenido patrocinado.

Ejemplo práctico

Imaginemos una tienda en línea española llamada Eco Lannister, especializada en ropa sostenible y accesorios ecológicos. La empresa busca mejorar su presencia en redes sociales para incrementar sus ventas y optimizar sus recursos.

1. Definición de objetivos claros y medibles

    Eco Lannister establece como objetivo "aumentar en un 25% las ventas de su línea de camisetas orgánicas a través de Instagram en los próximos tres meses". Este objetivo es específico, medible, alcanzable, relevante y limitado en el tiempo, siguiendo el criterio SMART.

2. Selección de plataformas adecuadas

   Tras analizar su público objetivo, Eco Lannister decide centrarse en Instagram y TikTok, ya que su audiencia principal son jóvenes entre 18 y 35 años interesados en moda sostenible. También mantienen una presencia activa en Facebook para llegar a un público ligeramente mayor y en LinkedIn para establecer relaciones B2B con proveedores y colaboradores del sector ecológico.

3. Creación y programación de contenido relevante

   Eco Lannister crea contenido visualmente atractivo que incluye:

   - Fotografías de alta calidad de sus productos en entornos naturales.

   - Vídeos cortos en TikTok mostrando el proceso de fabricación sostenible.

   - Historias de Instagram con encuestas sobre nuevos diseños o colores.

   - Publicaciones informativas sobre los beneficios de la moda ecológica y consejos de estilo.

   Utilizan herramientas como Hootsuite para programar publicaciones en los momentos de mayor actividad de su audiencia, identificados entre las 18:00 y las 21:00 horas. Además, aprovechan los hashtags populares como #ModaSostenible y #EcoFriendly para aumentar su visibilidad.

4. Interacción activa con los usuarios

   El equipo de Eco Lannister responde rápidamente a comentarios y mensajes directos. Por ejemplo, si un cliente pregunta sobre la disponibilidad de una talla específica, proporcionan la información y ofrecen un enlace directo al producto. También agradecen las menciones y repostean contenido generado por los usuarios que muestran sus productos, fomentando una comunidad activa y comprometida.

5. Monitorización y análisis del rendimiento

Mediante Instagram Insights y TikTok Analytics, Eco Lannister analiza métricas clave como:

- Alcance de publicaciones: identifican que las publicaciones con vídeos obtienen un 35% más de alcance que las imágenes estáticas.

- Tasa de interacción: las encuestas en historias tienen una participación del 20% de sus seguidores.

- Conversiones a ventas: rastrean que el 15% de las visitas provenientes de redes sociales culminan en una compra.

Con esta información, ajustan su estrategia para centrarse en el contenido que genera mayor interacción y conversión.

6. Gestión de crisis en redes sociales

Un cliente expresa en Facebook su insatisfacción por recibir un producto defectuoso. Eco Lannister responde públicamente en menos de una hora, disculpándose y ofreciendo una solución inmediata: el envío gratuito de un producto de reemplazo y un descuento del 10% en su próxima compra. Esta respuesta transparente y eficaz mejora la percepción de la marca y demuestra su compromiso con la satisfacción del cliente.

7. Uso de herramientas de gestión

Para optimizar su tiempo y recursos, Eco Lannister utiliza:

- Hootsuite: para programar y gestionar publicaciones en múltiples redes sociales desde una sola plataforma.

- Brandwatch: para monitorear menciones de la marca y términos relacionados, lo que les permite identificar tendencias y conversaciones relevantes.

- Canva: para crear diseños gráficos atractivos sin necesidad de un diseñador profesional.

8. Colaboración con influencers y creación de alianzas

    Eco Lannister colabora con influencers españoles especializados en moda y sostenibilidad, como María Verde y TomaVerde, quienes cuentan con miles de seguidores afines al perfil de cliente de la marca. Estos influencers realizan publicaciones usando prendas de Eco Lannister y ofrecen códigos de descuento exclusivos del 15%. Como resultado, durante el período de la campaña, la empresa registra:

    - Un aumento del 40% en el tráfico a su sitio web.

    - Un incremento del 30% en ventas de los productos promocionados.

    - Un crecimiento de 2.000 nuevos seguidores en sus redes sociales.

Conclusión

A través de una gestión estratégica y enfocada de sus redes sociales, Eco Lannister consigue optimizar sus recursos y obtener resultados tangibles en su comercio electrónico. Al definir objetivos claros, seleccionar las plataformas adecuadas, crear contenido relevante, interactuar activamente con su audiencia, monitorizar el rendimiento, gestionar eficazmente las crisis, utilizar herramientas de gestión y colaborar con influencers, la empresa fortalece su presencia digital y potencia sus ingresos en el competitivo mercado de la moda sostenible en España.

3.7 FORMATOS PUBLICITARIOS EN REDES SOCIALES

La elección de formatos publicitarios adecuados influye en el alcance y en la conversión de usuarios en clientes. ¿Qué opciones existen y cómo pueden optimizarse para maximizar los recursos disponibles?

1. Anuncios en el feed

Este formato consiste en publicar anuncios que se integran de manera natural en el flujo de contenido que consume el usuario, como en el caso de Facebook, Instagram o LinkedIn. Los anuncios en el feed suelen incluir texto, imágenes y vídeos, adaptándose a los intereses del público objetivo mediante algoritmos. Una ventaja clave es su capacidad de segmentación: permiten llegar a públicos específicos mediante parámetros como edad, ubicación, intereses y comportamientos.

2. Historias o "stories"

Las historias son un formato vertical y efímero, disponible en plataformas como Instagram, Facebook y Snapchat. Tienen una duración limitada, generalmente de 24 horas, lo que crea un sentido de urgencia en los usuarios. Este formato es ideal para promociones flash, lanzamientos de productos o generación de interacción rápida.

Para un comercio en internet, las historias pueden incluir enlaces directos a productos, utilizando funciones como el "swipe up" (deslizar hacia arriba) o el botón de "comprar ahora". La clave para aprovecharlas es diseñar contenido visualmente atractivo y directo, dado que los usuarios suelen consumir historias de forma rápida. Incorporar GIFs, stickers y elementos interactivos como encuestas pueden mejorar la interacción.

3. Anuncios en vídeo

El vídeo es uno de los formatos más efectivos en redes sociales, con tasas de interacción significativamente superiores a las de imágenes estáticas. Plataformas como YouTube, Instagram Reels, TikTok y Facebook han optimizado su infraestructura para soportar contenido publicitario en vídeo. Los anuncios pueden variar en duración, desde los breves "bumpers" de 6 segundos hasta vídeos más largos que expliquen productos o servicios.

Un ejemplo práctico sería un vídeo corto en TikTok que demuestre el uso de un producto de forma creativa. Este tipo de contenido, además de captar la atención, se beneficia del algoritmo de la plataforma para ser recomendado a nuevos usuarios. La integración de subtítulos y música relevante es esencial para captar audiencias, especialmente cuando más del 80% de los usuarios consumen vídeos sin sonido.

4. Anuncios interactivos

Este tipo de formato busca involucrar directamente al usuario mediante encuestas, cuestionarios o experiencias inmersivas como realidad aumentada. Instagram, Facebook y Snapchat son plataformas que han desarrollado herramientas específicas para este tipo de publicidad.

Por ejemplo, un comercio que vende muebles podría utilizar filtros de realidad aumentada que permitan a los usuarios visualizar cómo quedaría un sofá en su salón. Este enfoque aumenta la interacción y proporciona un valor añadido al consumidor, incrementando la probabilidad de compra.

5. Carruseles de productos

Los anuncios en formato carrusel permiten mostrar múltiples imágenes o vídeos en una sola publicación, con enlaces individuales para cada elemento. Este formato es especialmente útil para comercios electrónicos con un catálogo amplio, ya que ofrece al usuario una experiencia de navegación sin salir de la plataforma.

Un ejemplo práctico sería una tienda de ropa que presente una colección completa en un solo anuncio de carrusel, permitiendo a los usuarios deslizarse entre productos y acceder a páginas específicas de compra. Para optimizar su uso, es fundamental mantener una coherencia estética entre las imágenes y redactar textos breves y llamativos que describan cada producto.

6. Anuncios "in-stream"

Disponibles en plataformas como YouTube y Facebook, estos anuncios aparecen durante la reproducción de contenido. Pueden ser saltables o no, dependiendo del objetivo de la campaña. Su principal ventaja es capturar la atención de los usuarios mientras consumen contenido relacionado.

Un comercio que promociona un curso online puede incluir un anuncio "in-stream" de 15 segundos en un vídeo educativo relevante. Para maximizar el impacto, es importante que los primeros 5 segundos sean llamativos, asegurando que el mensaje clave sea comunicado incluso si el usuario decide omitir el resto del anuncio.

7. Anuncios de búsqueda patrocinada en redes

En plataformas como Pinterest o TikTok, los anuncios de búsqueda permiten que los productos aparezcan en los resultados de búsquedas relevantes. Este formato es altamente efectivo para usuarios que ya están interesados en un tema o categoría.

Un ejemplo sería un comercio de decoración que utiliza Pinterest para promocionar ideas de diseño interior, vinculando directamente imágenes atractivas con sus productos. Este formato es particularmente útil para generar tráfico altamente cualificado.

3.8 QUE HABLEN BIEN DE NOSOTROS

¿Cómo asegurarnos de que hablen bien de nuestra empresa o marca? Este objetivo requiere estrategias bien diseñadas y la implementación de prácticas consistentes que generen confianza en los clientes y estimulen opiniones positivas. Vamos a desglosar los aspectos clave para lograrlo:

Calidad del producto o servicio como base de la reputación

La primera regla para que los clientes hablen bien de nosotros es ofrecer productos o servicios que cumplan, e incluso superen, las expectativas. Esto incluye aspectos como la calidad del producto, la fiabilidad del servicio, los tiempos de entrega y la atención al cliente. Por ejemplo, si un comercio electrónico asegura la entrega en 24 horas, debe cumplirlo. En caso de retrasos, es imprescindible compensar al cliente de alguna forma, ya que un mal comentario puede generar un impacto mayor que varios positivos.

Gestión proactiva de las opiniones

¿Estamos escuchando lo que dicen los clientes? Es fundamental monitorizar activamente las plataformas donde los usuarios dejan comentarios, como Google Reviews, Trustpilot o las redes sociales. Un ejemplo práctico sería responder a todas las opiniones, incluso a las negativas, mostrando empatía y voluntad de mejora. La mayoría de los usuarios confía más en empresas que responden a los comentarios, incluso cuando son críticas.

Incentivar las valoraciones positivas

No se trata de comprar opiniones, sino de fomentar que los clientes satisfechos compartan su experiencia. Para ello, podemos utilizar estrategias como el envío de correos tras la compra pidiendo al cliente que deje una reseña. Otra opción eficaz son los programas de fidelización que premian las valoraciones, ofreciendo descuentos o puntos canjeables.

Cuidado de la experiencia del cliente

Cada punto de contacto con el cliente es una oportunidad para crear una buena impresión. Desde la facilidad de uso del sitio web hasta la amabilidad del personal de atención al cliente, cada detalle cuenta. Por ejemplo, incluir un chatbot bien configurado para resolver dudas al momento puede mejorar la percepción del cliente sobre la eficiencia de nuestro negocio.

Generar contenido positivo en redes sociales

¿Es suficiente con que los clientes hablen bien de nosotros, o también deberíamos controlar lo que se dice? Publicar contenido de valor en redes sociales nos permite liderar la narrativa sobre nuestra marca. Esto incluye publicar testimonios de clientes satisfechos, mostrar casos de éxito o enseñar procesos internos que demuestren transparencia y profesionalidad.

Manejo adecuado de las críticas

Es inevitable recibir críticas en algún momento, pero el modo en que se gestionan puede cambiar radicalmente su impacto. Si un cliente expresa una queja en redes sociales, responder de manera rápida y efectiva puede transformar una situación negativa en una oportunidad para mejorar la percepción de la marca. Por ejemplo, empresas como Amazon suelen ofrecer soluciones inmediatas, como devoluciones gratuitas o reemplazos, lo que genera confianza incluso en situaciones de error.

Colaboraciones estratégicas para mejorar la percepción

Alianzas con influencers, embajadores de marca o incluso asociaciones con ONGs pueden contribuir a una mejor imagen. Por ejemplo, si una tienda online de moda colabora con un influencer ético aumenta su visibilidad y asocia su marca a valores positivos.

Evaluación constante de la reputación

¿Cómo sabemos si hablan bien de nosotros? Herramientas como Google Alerts, Brandwatch o Mention nos ayudan a realizar un seguimiento de la percepción de la marca en tiempo real. Con estos datos, es posible identificar áreas de mejora y actuar antes de que un problema escale.

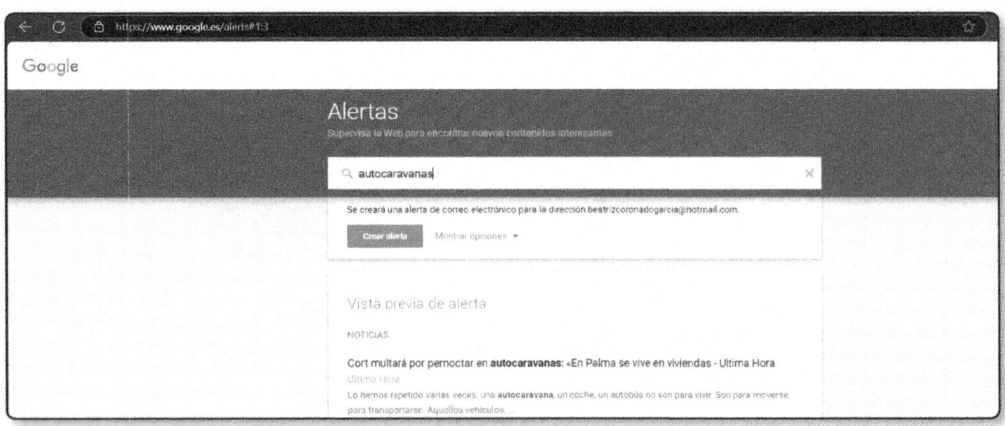

Creación de una alarma de Google Alerts.

> ### ⓘ Nota
>
> Fomentar que hablen bien de nosotros no es solo cuestión de suerte o coincidencia; es el resultado de una estrategia cuidadosamente elaborada que involucra a todos los departamentos de la empresa. Cada acción, por pequeña que parezca, contribuye al gran objetivo de construir una reputación positiva en el comercio en internet.

3.9 IDENTIFICAR EL ESPACIO ADECUADO PARA ESTAR

En el comercio en internet, la presencia en redes sociales no debe limitarse a estar en todas las plataformas posibles, sino en aquellas que realmente aporten valor a nuestra estrategia. ¿Cómo elegir el espacio adecuado para nuestro negocio? Esto depende de factores como el público objetivo, el tipo de productos o servicios que ofrecemos y las características de cada plataforma.

Conocimiento del público objetivo

El primer paso para identificar el espacio adecuado es entender dónde se encuentra nuestro público. Por ejemplo, si nuestro comercio se centra en la venta de productos visuales como ropa o decoración, plataformas como Instagram o Pinterest suelen ser más efectivas debido a su enfoque en contenido visual. Por otro lado, si nuestro producto es B2B, LinkedIn es una opción más relevante, ya que se orienta a profesionales y empresas.

Un análisis demográfico puede ser útil. Herramientas como Google Analytics, Facebook Insights o datos internos sobre nuestros clientes nos proporcionan información sobre edad, ubicación, intereses y comportamientos. Esto permite segmentar el mercado y alinear nuestra presencia con los hábitos digitales del público objetivo.

Evaluación de la naturaleza del producto o servicio

No todos los productos encajan en todas las redes sociales. Por ejemplo, un negocio de formación online podría beneficiarse de plataformas como YouTube, donde los tutoriales y vídeos informativos generan mayor engagement. En cambio, una tienda de productos tecnológicos podría encontrar mejor acogida en Twitter, donde los usuarios buscan información rápida y actualizada.

Características y objetivos de cada plataforma

Cada red social tiene un propósito y un público específico. Instagram y TikTok son ideales para contenido visual y campañas virales, mientras que Facebook combina comunidades locales y promociones pagadas. ¿Tiene sentido invertir tiempo en todas? No siempre. Evaluar dónde están los mejores resultados frente al esfuerzo necesario es clave para optimizar recursos.

Estrategia multicanal controlada

Aunque pueda parecer tentador estar en todas las redes sociales, un enfoque descontrolado puede diluir el impacto. Es preferible concentrar recursos en unas pocas plataformas clave que sean relevantes para el negocio, en lugar de repartirlos sin estrategia. Por ejemplo, un pequeño ecommerce con productos personalizados podría centrarse en Instagram y Pinterest, y dejar de lado redes menos rentables como Twitter o Snapchat.

3.10 GESTIÓN DE UN PROYECTO EN REDES SOCIALES

Una vez identificado el espacio adecuado, gestionar un proyecto en redes sociales requiere planificación, organización y una ejecución constante. No basta con publicar contenido; hay que alinear todas las acciones con los objetivos comerciales y evaluar los resultados para ajustar la estrategia.

Planificación estratégica

Toda gestión de redes sociales comienza con un plan detallado que establezca objetivos concretos, plazos y recursos asignados. Un ejemplo de objetivo puede ser aumentar las ventas en un 20% a través de Instagram en seis meses. A partir de aquí, se definen las acciones necesarias, como la frecuencia de publicaciones, el tipo de contenido y el presupuesto para publicidad.

El uso de herramientas como un calendario editorial ayuda a coordinar la publicación de contenido de manera eficiente. Este calendario debe incluir fechas importantes como campañas estacionales, promociones o eventos relevantes.

Producción de contenido de calidad

El contenido es el núcleo de cualquier proyecto en redes sociales. Este debe ser relevante para el público, consistente con la identidad de la marca y diseñado para generar interacción. Por ejemplo, en una tienda de moda online, las publicaciones pueden incluir fotos de alta calidad de los productos, vídeos mostrando su uso y testimonios de clientes satisfechos.

Además, la incorporación de formatos diversos, como vídeos cortos en TikTok o transmisiones en directo en Instagram, permite aprovechar las fortalezas de cada plataforma. Esto mejora la interacción e incrementa la visibilidad del negocio.

Monitorización y análisis

¿Cómo sabemos si el proyecto está funcionando? Las métricas son fundamentales. En redes sociales, indicadores como el alcance, la interacción, el tráfico web y las conversiones son esenciales para medir el impacto de nuestras acciones.

Por ejemplo, si notamos que una publicación de Instagram con un descuento exclusivo genera más ventas que una publicación estándar, esta información nos permite ajustar la estrategia y priorizar contenidos similares.

Coordinación de recursos humanos y tecnológicos

Un proyecto en redes sociales no es tarea de una sola persona, especialmente en empresas con una fuerte presencia online. Es necesario coordinar un equipo que incluya diseñadores, redactores, especialistas en publicidad y analistas de datos. Además, contar con herramientas tecnológicas como Canva para diseño gráfico, Buffer para programar publicaciones o HubSpot para gestionar la interacción con clientes facilita el trabajo y optimiza el tiempo.

Adaptación y evolución

El mundo de las redes sociales cambia rápidamente. Por ello, un proyecto bien gestionado debe ser flexible y capaz de adaptarse a nuevas tendencias, como el auge de vídeos cortos o la incorporación de herramientas de inteligencia artificial. Por ejemplo, plataformas como TikTok han revolucionado la forma en que las marcas interactúan con el público, lo que obliga a rediseñar estrategias para no quedar atrás.

3.11 MONITORIZACIÓN Y REPUTACIÓN

La monitorización de la actividad en redes sociales no se trata únicamente de observar qué se dice sobre nuestra marca, sino de comprender el contexto, identificar tendencias y responder de manera adecuada para proteger y mejorar nuestra reputación digital. ¿Por qué es tan importante la monitorización? En un entorno donde la información fluye en tiempo real, cualquier comentario, positivo o negativo, puede amplificarse rápidamente.

Como ya sabemos, contar con herramientas específicas es indispensable para gestionar grandes volúmenes de información. Soluciones como Hootsuite, Brandwatch o Google Alerts permiten rastrear menciones de nuestra marca, identificar conversaciones relevantes y analizar el sentimiento general hacia la misma. Por ejemplo, con Brandwatch se puede medir el sentimiento positivo, neutral o negativo de los comentarios en redes, lo que ayuda a tomar decisiones informadas.

La monitorización es una fuente valiosa de oportunidades. Imagina que detectamos una tendencia en Twitter relacionada con un producto que comercializamos. Aprovechar esta oportunidad para entrar en la conversación puede aumentar la visibilidad de nuestra marca. Del mismo modo, identificar rápidamente menciones negativas permite actuar antes de que el problema escale.

Además, responder a los comentarios, especialmente a las quejas, refuerza la percepción de que nuestra marca está comprometida con el cliente. La mayoría de los usuarios espera una respuesta a sus quejas en redes sociales dentro de las primeras horas. Ignorar estos mensajes puede dañar la confianza y la reputación. Por otro lado, las respuestas rápidas y efectivas generan una impresión positiva y fomentan la lealtad.

3.12 DETECCIÓN Y RESOLUCIÓN DE CRISIS 2.0

En el ecosistema digital, una crisis puede surgir de manera inesperada y escalar con rapidez. Desde una publicación desafortunada hasta una experiencia negativa compartida por un cliente, cualquier incidente puede convertirse en un problema si no se gestiona adecuadamente. ¿Estamos preparados para actuar ante una crisis 2.0?

Identificación temprana de señales de crisis

La clave para resolver una crisis está en detectarla antes de que crezca. La monitorización activa es el primer paso, pero también lo es establecer alertas automáticas que detecten un aumento inusual de menciones negativas o una tendencia viral desfavorable. Por ejemplo, si un comentario negativo sobre un producto se comparte masivamente en Twitter, herramientas como Sprout Social pueden ayudarnos a rastrear su alcance.

Sitio web de Sprout Social.

Planificación de una respuesta adecuada

Toda empresa debería contar con un protocolo de actuación en caso de crisis. Esto incluye designar un equipo responsable, definir mensajes clave y establecer los canales a través de los cuales se comunicará la respuesta. Un ejemplo práctico: si un ecommerce recibe críticas por un error masivo en los envíos, una disculpa pública acompañada de una solución rápida (como reembolsos o descuentos) puede mitigar el impacto.

Transparencia y comunicación directa

La honestidad es fundamental en la resolución de crisis. Negar o ignorar un problema solo agrava la situación. En cambio, admitir el error, explicar las medidas correctivas y mostrar empatía genera confianza. Por ejemplo, en 2020, una gran marca de ropa deportiva enfrentó críticas por la falta de diversidad en sus campañas publicitarias. Al aceptar el problema públicamente y comprometerse a implementar cambios, logró transformar una crisis en una oportunidad de mejora.

> ### ⓘ Nota
>
> Una vez resuelta la crisis, es importante analizar qué la provocó y cómo se gestionó. ¿Hubo señales que se pasaron por alto? ¿La respuesta fue adecuada? Este análisis permite fortalecer la estrategia para futuras eventualidades.

3.13 ASIMILACIÓN DE LA RELACIÓN ENTRE WEB 3.0 Y MARKETING COMO FUTURO

La Web 3.0 representa una evolución tecnológica que cambiará la forma en que los usuarios interactúan con internet y también cómo las marcas abordan el marketing en este entorno. ¿Qué es la Web 3.0 y cómo se relaciona con el comercio online? Este concepto se centra en la descentralización, la personalización avanzada y el uso intensivo de tecnologías como la inteligencia artificial, blockchain y el metaverso.

Características principales de la Web 3.0

La Web 3.0 se basa en la descentralización, lo que significa que los usuarios tendrán mayor control sobre sus datos. Esto plantea retos y oportunidades para el marketing. Por ejemplo, el uso de contratos inteligentes en blockchain permite crear programas de fidelización más transparentes y seguros. Además, la personalización basada en inteligencia artificial facilita la creación de experiencias únicas para cada usuario.

Marketing en el metaverso

El metaverso es uno de los pilares de la Web 3.0, y las marcas ya están experimentando con él. ¿Cómo aprovecharlo? Imagina una tienda virtual donde los clientes puedan interactuar con los productos como si estuvieran físicamente presentes. Este nivel de interacción mejora la experiencia del cliente y genera nuevas oportunidades para el comercio en internet.

Un ejemplo de esta tendencia es el uso de NFT (tokens no fungibles) como estrategias de marketing. Algunas marcas han lanzado colecciones exclusivas de NFT para premiar a sus clientes más fieles, creando una sensación de exclusividad y pertenencia.

Privacidad y confianza como pilares

La Web 3.0 también cambia las reglas en cuanto a la recopilación de datos. Los usuarios tendrán un mayor control sobre su información, lo que obliga a las empresas a ser más transparentes. Esto refuerza la importancia de construir confianza a través de prácticas éticas y claras.

Preparación para el futuro

Asimilar la relación entre la Web 3.0 y el marketing implica invertir en innovación, formación y tecnología. Las empresas deben adaptarse a este nuevo paradigma y explorar cómo estas tecnologías pueden integrarse en sus estrategias actuales. Aunque la transición puede parecer compleja, aquellos que logren adaptarse estarán mejor posicionados para competir en un entorno digital cada vez más dinámico.

> ### ⓘ Nota
>
> El futuro del marketing en la Web 3.0 es más que una simple evolución tecnológica; representa un cambio en las relaciones entre las marcas y los consumidores.

PRUEBA DE AUTOEVALUACIÓN

PREGUNTAS TIPO TEST

1. **¿Qué herramientas se mencionan para interactuar directamente con los usuarios interesados a través de chatbots en aplicaciones de mensajería?**

   a) LinkedIn Messenger.

   b) Facebook Messenger y WhatsApp Business. (Correcta)

   c) Telegram y Signal.

2. **¿Cuál es una ventaja de utilizar técnicas de social listening en redes sociales?**

   a) Ignorar las opiniones de los clientes.

   b) Monitorear y responder a las necesidades y opiniones de los clientes en tiempo real. (Correcta)

   c) Publicar contenido sin análisis previo.

3. **¿Qué implica la evolución del Plan de marketing al Social Media Plan?**

   a) Dejar de usar redes sociales.

   b) Crear contenido relevante que genere engagement con la audiencia. (Correcta)

   c) Centrarse solo en publicidad impresa.

4. ¿Cuál es una estrategia efectiva en el marketing viral?

a) Crear contenido altamente compartible que resuene con la audiencia objetivo. (Correcta)

b) Evitar que los usuarios compartan contenido.

c) Publicar sin considerar tendencias actuales.

5. ¿Qué es fundamental al gestionar redes sociales eficazmente?

a) Publicar contenido sin planificación.

b) Definir objetivos claros y medibles. (Correcta)

c) Ignorar los comentarios de los usuarios.

6. ¿Cuál es una forma de asegurar que hablen bien de nosotros en redes sociales?

a) Ofrecer productos o servicios que cumplan o superen las expectativas. (Correcta)

b) Ignorar las críticas y comentarios negativos.

c) Comprar seguidores falsos.

7. ¿Por qué es importante identificar el espacio adecuado para estar en redes sociales?

a) Para estar en todas las plataformas sin importar el público objetivo.

b) Para optimizar recursos y maximizar el impacto en las plataformas relevantes. (Correcta)

c) Para evitar tener presencia en línea.

8. **¿Qué herramienta se menciona para monitorizar y analizar la reputación en línea?**

   a) Hootsuite. (Correcta)

   b) Adobe Photoshop.

   c) Microsoft Excel.

9. **¿Cuál es una estrategia efectiva para resolver una crisis 2.0?**

   a) Ignorar las quejas y comentarios negativos.

   b) Admitir el error, explicar las medidas correctivas y mostrar empatía. (Correcta)

   c) Eliminar los comentarios negativos.

10. **¿Qué representa la Web 3.0 en relación con el marketing?**

    a) Una evolución tecnológica que cambiará la interacción de usuarios con internet y cómo las marcas abordan el marketing. (Correcta)

    b) Una versión anterior de internet.

    c) Una plataforma de redes sociales específica.

FRASES PARA COMPLETAR

1. **El uso de _____ permite a las empresas monitorear las conversaciones y menciones de la marca en redes sociales.**

2. **El _____ se basa en la creación de contenido relevante y de calidad que genere engagement con la audiencia.**

3. **La colaboración con _____ es una estrategia efectiva en el marketing viral.**

4. **La monitorización activa es esencial para la detección y resolución de _____ 2.0.**

5. **La Web 3.0 se basa en la _____, dando mayor control a los usuarios sobre sus datos.**

Respuestas

1. Técnicas de social listening

2. Social Media Plan

3. Influencers

4. Crisis

5. Descentralización

PREGUNTAS DE RESPUESTA CORTA

1. **¿Cómo pueden las empresas utilizar chatbots en redes sociales para optimizar sus recursos?**

Las empresas pueden integrar chatbots en aplicaciones de mensajería como Facebook Messenger o WhatsApp Business para interactuar directamente con los clientes. Estos chatbots, equipados con inteligencia artificial, pueden responder preguntas frecuentes, proporcionar información sobre productos y guiar al cliente en el proceso de compra. Esto optimiza los recursos humanos al automatizar interacciones básicas y permite una atención al cliente eficiente y disponible las 24 horas.

2. ¿Qué es el Social Media Plan y cómo difiere del plan de marketing tradicional?

El Social Media Plan es una evolución del plan de marketing tradicional adaptado al entorno digital y a las redes sociales. Se enfoca en crear contenido relevante y de calidad que genere engagement con la audiencia, construyendo una comunidad en torno a la marca. A diferencia del plan de marketing tradicional, el Social Media Plan utiliza las herramientas y analíticas avanzadas de las redes sociales para ajustar estrategias en tiempo real y conectar emocionalmente con los consumidores mediante storytelling y contenido generado por usuarios.

3. Explique la importancia de la monitorización y gestión de la reputación en redes sociales.

La monitorización y gestión de la reputación en redes sociales es fundamental porque permite a las empresas comprender cómo son percibidas por los usuarios, identificar rápidamente comentarios o tendencias negativas y responder de manera adecuada. Una gestión proactiva de la reputación ayuda a construir confianza, mejorar la relación con los clientes y prevenir que situaciones negativas escalen a crisis que puedan dañar la imagen de la marca.

4. ¿Qué estrategias se pueden utilizar para asegurar que hablen bien de una empresa en redes sociales?

Para asegurar comentarios positivos, las empresas deben ofrecer productos o servicios que cumplan o superen las expectativas, gestionar activamente las opiniones respondiendo tanto a comentarios positivos como negativos, incentivar valoraciones positivas mediante programas de fidelización o descuentos, cuidar la experiencia del cliente en todos los puntos de contacto, generar contenido positivo y manejar adecuadamente las críticas con transparencia y soluciones efectivas.

5. ¿Cómo impactará la Web 3.0 en el marketing y el comercio en internet según el texto?

La Web 3.0, caracterizada por la descentralización, el uso de inteligencia artificial y tecnologías como blockchain y el metaverso, cambiará la forma en que los usuarios interactúan con internet y las marcas abordan el marketing. Las empresas deberán adaptarse a un entorno donde los usuarios tienen mayor control sobre sus datos, utilizando nuevas estrategias como contratos inteligentes, experiencias inmersivas en el metaverso y prácticas más transparentes y éticas en la gestión de datos, lo que representará tanto retos como oportunidades en el comercio en internet.

4

Creación de ingresos (comercio electrónico)

4.1 IDENTIFICACIÓN DE SOLUCIONES ANTES DE CREAR UNA TIENDA VIRTUAL

Antes de establecer una tienda virtual, es esencial identificar y seleccionar las soluciones tecnológicas y estratégicas que mejor se adapten a las necesidades específicas de su negocio. Este proceso implica evaluar diversas plataformas de comercio electrónico, opciones de pago, logística, marketing digital y aspectos legales.

1. Selección de la plataforma de comercio electrónico

La elección de la plataforma adecuada es fundamental para el éxito de su tienda en línea. A continuación, se detallan algunas de las opciones más destacadas:

- ▶ Shopify: plataforma de comercio electrónico todo en uno que ofrece facilidad de uso y soporte técnico integral. Permite personalización básica sin requerir conocimientos avanzados de programación. Ofrece funciones integradas como cálculos automáticos de impuestos y plantillas optimizadas para dispositivos móviles. El plan básico tiene un costo de 36 € al mes, con una comisión por transacción del 2,1% + 0,30 € por venta.

▸ WooCommerce: Plugin gratuito para WordPress que convierte su sitio en una tienda en línea. Aunque el plugin es gratuito, se deben considerar costos adicionales como alojamiento web (entre 50 € y 150 € anuales), registro de dominio (entre 5 € y 20 € anuales) y posibles extensiones o temas premium.

▸ PrestaShop: plataforma de código abierto que permite una alta personalización. Es gratuita, pero requiere conocimientos técnicos para su configuración y mantenimiento. Los costos asociados incluyen alojamiento web, dominio y posibles módulos adicionales para ampliar funcionalidades.

2. Soluciones de pago y seguridad

Implementar métodos de pago seguro y eficiente es vital para generar confianza en los clientes. Algunas opciones incluyen:

▸ Pasarelas de pago: integrar servicios como PayPal, Stripe o Redsys permite aceptar pagos con tarjetas de crédito y débito. Las comisiones varían según el proveedor; por ejemplo, PayPal cobra aproximadamente un 2,9% + 0,35 € por transacción.

▸ Certificado SSL: garantiza la seguridad de los datos transmitidos en su sitio web. Algunos proveedores de alojamiento lo incluyen en sus planes; de lo contrario, su costo oscila entre 0 € y 50 € anuales.

3. Logística y gestión de envíos

Una logística eficiente es clave para la satisfacción del cliente. Considere:

▼ Integración con empresas de mensajería: servicios como Packlink o SendCloud ofrecen comparativas de tarifas y gestión de envíos desde una única plataforma.

▼ Gestión de inventario: herramientas como TradeGecko u Odoo ayudan a mantener un control preciso del stock, evitando ventas de productos agotados.

4. Marketing digital y SEO

Para atraer tráfico y convertir visitas en ventas, es fundamental:

▼ Optimización SEO: utilizar plugins como Yoast SEO en WordPress mejora la visibilidad en motores de búsqueda.

▼ Marketing en redes sociales: integrar su tienda con plataformas como Facebook e Instagram Shopping facilita la promoción de productos y la interacción con clientes potenciales.

5. Aspectos legales y regulatorios

Cumplir con la normativa vigente es indispensable:

▼ Reglamento General de Protección de Datos (RGPD): asegúrese de que su tienda cumpla con las regulaciones europeas sobre protección de datos, incluyendo políticas de privacidad claras y opciones de consentimiento para los usuarios.

▼ Términos y condiciones: elabore documentos que especifiquen las condiciones de venta, devoluciones y garantías, adaptados a la legislación española.

4.2 IDENTIFICACIÓN DE LOS SITIOS DE AFILIACIÓN Y DESCUENTO

Los sitios de afiliación y descuento son herramientas esenciales para maximizar la visibilidad y aumentar los ingresos. Pero, ¿cómo podemos identificar los más adecuados para nuestro negocio?

Los sitios de afiliación son plataformas que permiten a las empresas promocionar sus productos a través de terceros, conocidos como afiliados, quienes reciben una comisión por cada venta o acción generada. Algunos de los sitios de afiliación más destacados incluyen Amazon Associates, Rakuten Advertising y Awin. Estas plataformas ofrecen acceso a una red global de afiliados y proporcionan herramientas analíticas avanzadas para monitorear el rendimiento de las campañas.

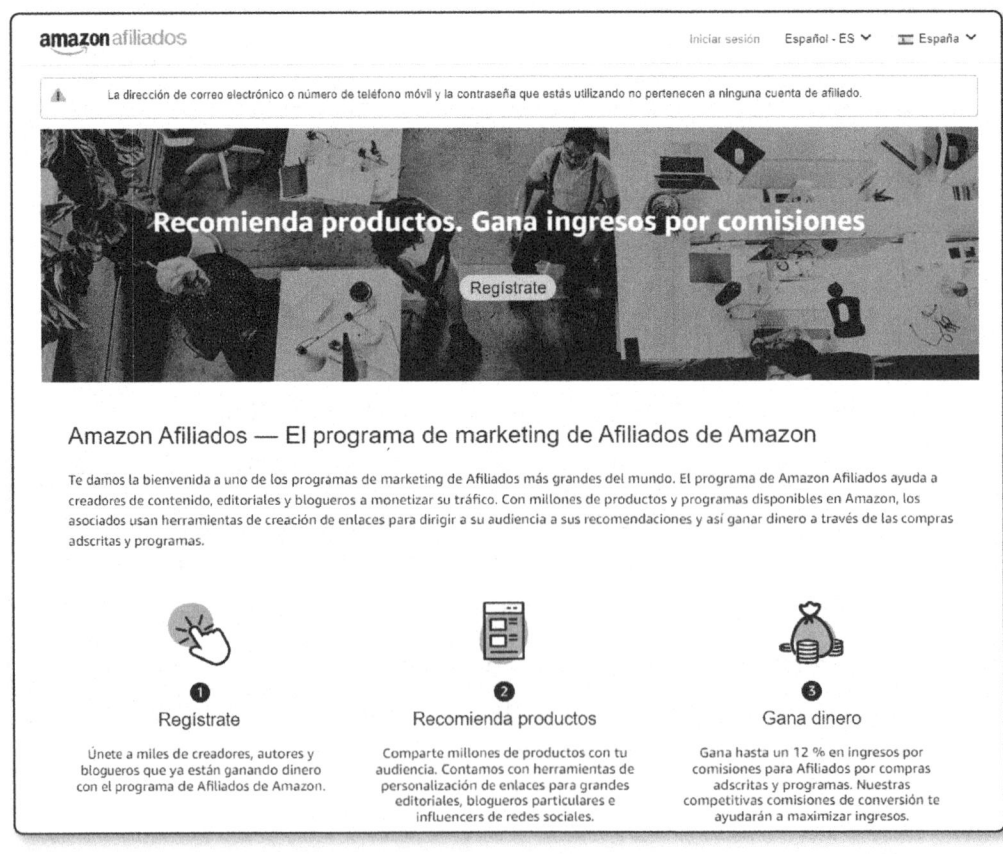

Rakuten Advertising

Soluciones   Marcas   Afiliados   Industrias   Insights

Publicidad que supera

Respaldado por Affiliate Intelligence, ofrecido exclusivamente por Rakuten Advertising.

Los datos, la IA y la red líderes para conectar a anunciantes, publishers y audiencias como nunca antes.

Alcanza tus audiencias

Afiliados: Únete a nuestra red

AWIN   Soluciones   Recursos   Empresa   Contactar

INICIO

Infinite partnerships, **simply enabled**.

Nuestra plataforma global de marketing de afiliación capacita a anunciantes y afiliados de todos los tamaños para impulsar su crecimiento online.

Explora los planes de Awin

Por otro lado, los sitios de descuento, como Groupon, RetailMeNot y Cuponation, se centran en ofrecer ofertas y cupones a los consumidores. Al asociarse con estos sitios, las empresas pueden atraer a clientes sensibles al precio y aumentar el tráfico hacia sus tiendas en línea. Es importante evaluar factores como el alcance geográfico, el público objetivo y las condiciones de colaboración al seleccionar un sitio de descuento.

ⓘ Nota

Para identificar los sitios más efectivos, se recomienda realizar un análisis de mercado exhaustivo, considerar las tendencias actuales y evaluar cómo cada plataforma puede alinearse con los objetivos específicos de la empresa.

4.3 CONOCIMIENTO DEL CONCEPTO DE MARKET PLACE

Un marketplace es una plataforma en línea que conecta a compradores y vendedores, permitiendo la transacción de bienes y servicios de manera eficiente. Este modelo de negocio ha transformado el comercio electrónico al ofrecer un espacio donde múltiples vendedores pueden ofrecer sus productos a una audiencia amplia y diversificada.

Los marketplaces más conocidos a nivel mundial incluyen Amazon, eBay, Alibaba y Mercado Libre. Estas plataformas proporcionan infraestructura tecnológica, sistemas de pago seguros, logística y atención al cliente, lo que facilita a los vendedores enfocarse en su oferta de productos sin preocuparse por los aspectos operativos.

Participar en un marketplace ofrece ventajas significativas para los vendedores, como acceso a una base de clientes establecida, mayor visibilidad y herramientas de marketing integradas. Además, los marketplaces suelen ofrecer datos analíticos que ayudan a los vendedores a entender el comportamiento del consumidor y optimizar sus estrategias de venta.

Para los compradores, los marketplaces ofrecen la conveniencia de encontrar una amplia variedad de productos en un solo lugar, con opciones para comparar precios, leer reseñas y acceder a ofertas exclusivas.

4.4 CONOCIMIENTO ACERCA DEL COSTE DE UNA TIENDA: SAAS (TIENDAS EN LA NUBE), OPEN SOURCE (CÓDIGO ABIERTO), SOLUCIONES A MEDIDA

En el comercio electrónico, la elección de la plataforma para crear una tienda en línea es una decisión estratégica que influye directamente en los costos y en el rendimiento del negocio. ¿Qué aspectos debemos considerar al comparar las opciones de SaaS, Open Source y soluciones a medida?

ASPECTO	SAAS	OPEN SOURCE	SOLUCIONES A MEDIDA
Costo inicial	Desde 20 € al mes	Software gratuito, pero requiere hosting	Entre 10.000 € y 100.000 €
Mantenimiento	Incluido en la suscripción	Responsabilidad del propietario	Equipo técnico dedicado
Tiempo de implementación	Rápido, en días	Moderado, semanas a meses	Largo, meses a un año
Flexibilidad	Limitada a las funciones del proveedor	Alta, personalizable	Totalmente personalizable
Costes recurrentes	Suscripción y comisiones por transacción	Hosting, actualizaciones y seguridad	Mantenimiento continuo
Ejemplos	Shopify, BigCommerce	WooCommerce, PrestaShop	Desarrollo totalmente personalizado

Tabla comparativa de costes de tiendas en línea.

SaaS (Software como Servicio)

Las plataformas SaaS, como Shopify, BigCommerce o Tiendanube, ofrecen soluciones en la nube que permiten montar y gestionar una tienda en línea sin necesidad de instalar software ni preocuparse por el mantenimiento del servidor. Los costes asociados con SaaS incluyen:

- Suscripción mensual o anual: dependiendo del plan seleccionado, los precios pueden oscilar entre 20 y 300 euros mensuales. Estos planes suelen incluir alojamiento, soporte técnico y actualizaciones.

- Comisiones por transacción: algunas plataformas cobran una comisión por cada venta realizada, que puede variar entre el 0,5% y el 2% del valor de la transacción, además de las tarifas de procesamiento de pagos.

- Costes de aplicaciones y extensiones: para añadir funcionalidades adicionales, es posible que se requiera adquirir aplicaciones o complementos.

- Diseño y personalización: aunque existen plantillas gratuitas, la adquisición de temas premium o la contratación de un diseñador para personalizar la tienda puede suponer un costo adicional que varía según la complejidad del proyecto.

Open Source (Código Abierto)

▶ Las soluciones de código abierto, como WooCommerce (basado en WordPress), PrestaShop o Magento Open Source, ofrecen mayor flexibilidad y control sobre la tienda en línea. Los costos asociados incluyen:

▶ Desarrollo y personalización: aunque el software es gratuito, la instalación, configuración y personalización pueden requerir los servicios de un desarrollador.

▶ Alojamiento web: es necesario contratar un servicio de hosting, cuyos costes pueden variar dependiendo del rendimiento y la capacidad necesarios.

▶ Seguridad y mantenimiento: el propietario es responsable de las actualizaciones de seguridad y del mantenimiento general. Esto puede implicar costos adicionales si se contratan servicios externos para estas tareas.

- ⚐ Extensiones y módulos: la adición de funcionalidades específicas puede requerir la compra de módulos o plugins.

- ⚐ Certificado SSL: para asegurar las transacciones, es necesario adquirir un certificado SSL, cuyo coste puede ser anual.

Soluciones a medida

Desarrollar una tienda en línea a medida implica crear una plataforma personalizada desde cero, adaptada completamente a las necesidades específicas del negocio. Los costos asociados son más elevados y pueden incluir:

- ⚐ Desarrollo inicial: la creación de una solución personalizada puede tener un costo que oscila entre 10.000 y 100.000 euros o más, dependiendo de la complejidad, el alcance del proyecto y las tarifas de la empresa o profesionales contratados.

- ⚐ Tiempo de desarrollo: el proceso puede extenderse de varios meses a un año, lo que puede retrasar el lanzamiento y afectar el retorno de la inversión a corto plazo.

- ⚐ Mantenimiento y soporte: se requiere un equipo técnico para garantizar el correcto funcionamiento, realizar actualizaciones y resolver problemas, lo que supone un costo recurrente significativo.

- ⚐ Infraestructura: es necesario invertir en servidores, seguridad y herramientas de análisis, cuyos costos pueden variar ampliamente según los requerimientos técnicos.

- ⚐ Integraciones: la conexión con sistemas externos (ERP, CRM, pasarelas de pago) puede implicar costes adicionales en desarrollo y licencias.

Al comparar estas opciones, es esencial evaluar el presupuesto disponible, los recursos técnicos y las necesidades específicas del negocio. Las plataformas SaaS ofrecen una implementación rápida y costes predecibles, siendo ideales para pequeñas y medianas empresas que buscan una solución práctica y eficiente. Las opciones Open Source brindan mayor control y flexibilidad, pero requieren una inversión en conocimientos técnicos y tiempo para el mantenimiento. Las soluciones a medida son adecuadas para negocios con requerimientos muy específicos y recursos suficientes para invertir en una plataforma totalmente personalizada.

> ### ⓘ Nota
>
> Es importante también considerar la escalabilidad de la plataforma elegida, el soporte técnico disponible y la comunidad de usuarios que puede aportar soluciones y mejoras. Analizar detenidamente cada opción permitirá optimizar la inversión y asegurar el éxito en el competitivo mundo del comercio electrónico.

4.5 IDENTIFICACIÓN DE LOS SIGUIENTES ASPECTOS: CATÁLOGO DE PRODUCTOS, PROCESO DE REGISTRO, PROCESO DE VENTA, INTEGRACIÓN CON OTROS PROCESOS DE LA EMPRESA

Catálogo de productos

El catálogo de productos es el núcleo de cualquier tienda en línea. Una gestión eficiente y estructurada del catálogo mejora la experiencia del usuario y también optimiza los recursos internos de la empresa. ¿Cómo se puede lograr un catálogo efectivo?

▸ Organización y clasificación: es fundamental categorizar los productos de manera lógica y coherente. Esto implica utilizar categorías y subcategorías precisas, etiquetas y filtros que faciliten la navegación. Por ejemplo, una tienda de electrónica puede clasificar sus productos en "Móviles", "Ordenadores", "Accesorios", etc.

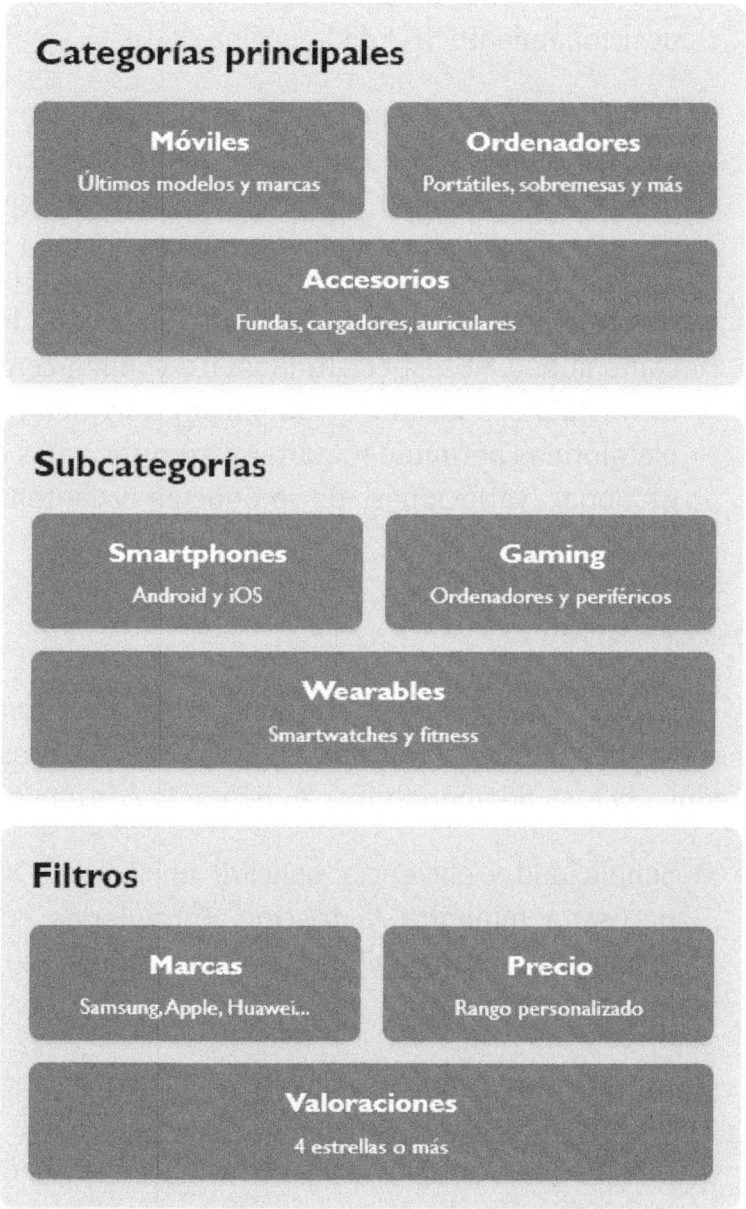

Esquema con un ejemplo de organización y clasificación.

▼ Información detallada: cada producto debe contar con descripciones completas, especificaciones técnicas, imágenes de alta resolución y, si es posible, vídeos demostrativos. Esto ayuda al cliente a tomar decisiones informadas y mejora el posicionamiento SEO de la página.

▼ Actualización en tiempo real: integrar el catálogo con el sistema de gestión de inventario (ERP) permite reflejar en tiempo real la disponibilidad de los productos. Esto evita ventas de productos agotados y mejora la satisfacción del cliente.

▼ Herramientas de gestión: utilizar sistemas de gestión de contenidos (CMS) especializados en e-commerce, como Magento o PrestaShop, facilita la administración del catálogo. Estas plataformas permiten importar y exportar datos masivamente, gestionar variaciones de productos y automatizar tareas repetitivas.

Proceso de registro

El proceso de registro es el primer punto de interacción formal entre el cliente y la tienda en línea. Optimizar este proceso es esencial para reducir la tasa de abandono y aumentar la conversión.

▼ Simplicidad y eficiencia: solicitar únicamente la información necesaria minimiza la fricción. Formularios cortos y claros aumentan la probabilidad de que el usuario complete el registro.

▼ Opciones de registro social: implementar el registro a través de redes sociales como Facebook o Google simplifica el proceso y aprovecha datos verificados, reduciendo errores en la información del cliente.

▸ Seguridad y privacidad: garantizar la protección de los datos personales es fundamental. Utilizar protocolos de seguridad como SSL y cumplir con normativas como el GDPR genera confianza en el usuario.

▸ Confirmación y bienvenida: enviar un correo de confirmación tras el registro que incluya información útil, como enlaces a productos populares o descuentos de bienvenida, puede incentivar la primera compra.

Proceso de venta

El proceso de venta engloba desde que el cliente añade un producto al carrito hasta que completa la compra. Optimizar cada etapa puede incrementar significativamente las ventas.

▸ Carrito de compras intuitivo: el carrito debe ser fácil de usar, mostrando claramente los productos seleccionados, cantidades, precios y costos adicionales como impuestos o envío.

▸ Proceso de pago simplificado: reducir el número de pasos necesarios para completar la compra disminuye la tasa de abandono. Implementar un proceso de checkout en una sola página puede ser efectivo.

▸ Métodos de pago diversos: ofrecer múltiples opciones de pago, como tarjetas de crédito, PayPal, transferencias bancarias y pagos móviles, atiende a las preferencias de distintos clientes.

▼ Transparencia en costes: mostrar todos los costes asociados desde el inicio evita sorpresas desagradables que puedan disuadir al cliente de finalizar la compra.

▼ Seguimiento y confirmación: proporcionar actualizaciones sobre el estado del pedido, desde la confirmación hasta la entrega, mejora la experiencia del cliente y fomenta la fidelización.

Integración con otros procesos de la empresa

La tienda en línea no debe operar de forma aislada; su integración con otros sistemas internos es vital para la eficiencia operativa.

▼ Integración con el ERP: conectar la tienda con el sistema de planificación de recursos empresariales permite sincronizar inventarios, gestionar pedidos y actualizar información financiera en tiempo real.

▼ Sincronización con el CRM: integrar el Customer Relationship Management ayuda a centralizar la información del cliente, permitiendo estrategias de marketing más efectivas y personalizadas.

▼ Logística y gestión de envíos: conectar la tienda con sistemas de gestión logística optimiza el proceso de envío, permitiendo seguimiento en tiempo real y gestión eficiente de devoluciones.

▼ Automatización de procesos: utilizar APIs y middleware para integrar diferentes sistemas reduce errores manuales y mejora la velocidad de respuesta de la empresa.

4.6 IDENTIFICACIÓN DE MÉTODOS PARA MEJORAR EL PROCESO DE COBRO

El proceso de cobro es una etapa crítica en la experiencia de compra. Mejorarlo aumenta la satisfacción del cliente y reduce la tasa de abandono en el último momento. Ofrecer una amplia gama de métodos de pago atiende a las preferencias y necesidades de diferentes clientes. Además de las tarjetas de crédito y débito tradicionales, se pueden incluir pasarelas digitales como PayPal, Stripe o MercadoPago, que proporcionan transacciones rápidas y seguras. Integrar opciones de pagos móviles como Apple Pay, Google Pay o Samsung Pay facilita el proceso para usuarios de dispositivos móviles. Aunque todavía emergente, aceptar criptomonedas puede atraer a un nicho específico de mercado.

Simplificar el proceso de pago reduce la fricción y mejora la conversión. Reducir los clics necesarios para completar la compra agiliza el proceso, por ejemplo, mediante un checkout en un solo paso. Utilizar tecnologías que recuerden datos del cliente (cumpliendo con las normativas de privacidad) acelera futuras compras a través del autocompletado de información. Asegurar que el proceso de pago es eficiente tanto en ordenadores como en dispositivos móviles, mediante un diseño responsivo, es esencial.

La percepción de seguridad es fundamental para que el cliente complete el pago. Implementar certificados SSL garantiza que la información transmitida está cifrada y protegida. Mostrar certificaciones de seguridad reconocidas, como Norton Secured o TRUSTe, aumenta la confianza del cliente. Añadir una capa extra de seguridad con la autenticación de dos factores reduce el riesgo de fraudes.

Implementar sistemas que detecten y prevengan transacciones fraudulentas protege tanto al cliente como al negocio. Utilizar herramientas antifraude que analicen patrones de compra y detecten actividades sospechosas es efectivo. Establecer y comunicar claramente las políticas de devolución y reembolso reduce disputas y chargebacks.

Como ya sabemos escuchar al cliente es esencial para identificar áreas de mejora. Solicitar feedback sobre el proceso de pago mediante encuestas post-compra puede revelar obstáculos no detectados. Monitorear métricas como la tasa de abandono en el pago, el tiempo promedio de transacción y errores recurrentes permite tomar decisiones informadas.

Además, conectar el proceso de cobro con el sistema de gestión financiera agiliza la contabilidad y el flujo de caja. Las transacciones se registran en tiempo real en el sistema contable mediante la actualización automática de ventas. Calcular y registrar automáticamente impuestos según la localización y normativas aplicables facilita la gestión de impuestos.

Ejemplo práctico

Por ejemplo, supongamos que una tienda en línea en España vende tanto productos electrónicos como libros y ha integrado su plataforma de comercio electrónico con un sistema de gestión financiera como Sage 200cloud. Cuando un cliente realiza una compra, el proceso de cobro se conecta directamente con el sistema contable, registrando las transacciones en tiempo real.

Si un cliente compra un ordenador portátil con un precio de 1.000 euros, el sistema calcula automáticamente el IVA correspondiente y registra la venta de la siguiente manera:

- Precio del producto: 1.000 euros.
- IVA (21%): 210 euros.
- Total a pagar: 1.210 euros.

El IVA del 21% se aplica porque los productos electrónicos están sujetos al tipo general de IVA en España. El sistema registra automáticamente esta información en el libro de ventas, facilitando la contabilidad y evitando errores manuales.

Ahora, si otro cliente adquiere un libro cuyo precio es de 20 euros, el sistema aplica el IVA superreducido y registra:

- Precio del producto: 20 euros.
- IVA (4%): 0,80 euros.
- Total a pagar: 20,80 euros.

Los libros se benefician del IVA superreducido del 4% en España. El sistema reconoce el tipo de producto y aplica el impuesto correspondiente, asegurando el cumplimiento fiscal.

Además, si la tienda realiza ventas a las Islas Canarias, donde no se aplica el IVA sino el IGIC (Impuesto General Indirecto Canario), el sistema ajusta automáticamente el cálculo de impuestos. Por ejemplo, si el IGIC aplicable es del 7% para ciertos productos:

- Precio del producto: 1.000 euros.
- IGIC (7%): 70 euros.
- Total a pagar: 1.070 euros.

El sistema reconoce la localización del cliente y aplica el impuesto adecuado según la normativa vigente en esa región, registrando la transacción correctamente en el sistema contable.

Esta integración permite que todas las ventas, independientemente del producto o la ubicación del cliente, se registren automáticamente con los impuestos correctos. Al final del período fiscal, la empresa puede generar informes detallados que desglosan las ventas y los impuestos recaudados por tipo y región. Esto facilita la presentación de declaraciones ante la Agencia Tributaria y asegura el cumplimiento con las normativas españolas, evitando posibles sanciones por errores en la declaración de impuestos.

Además, al tener un registro en tiempo real de todas las transacciones, la empresa mejora su flujo de caja y puede tomar decisiones financieras informadas. La automatización reduce la carga administrativa, permitiendo al personal enfocarse en actividades estratégicas que impulsen el crecimiento del negocio.

4.7 REALIZACIÓN DEL PEDIDO Y FACTURACIÓN ONLINE

En el comercio electrónico, la realización del pedido y la facturación online son procesos fundamentales que afectan directamente la experiencia del cliente y la eficiencia operativa de la empresa. ¿Cómo se puede optimizar este proceso para mejorar la satisfacción del usuario y cumplir con las normativas vigentes?

La realización del pedido comienza cuando el cliente añade productos al carrito y procede al checkout. Como ya sabemos, es esencial que este proceso sea intuitivo y fluido. Se deben minimizar los pasos necesarios para completar la compra, proporcionando formularios claros y campos pre-rellenados cuando sea posible, siempre respetando la privacidad y seguridad de los datos. La implementación de un sistema de gestión de pedidos integrado permite automatizar tareas como la confirmación de la disponibilidad de stock y el cálculo de los costos de envío en tiempo real.

La facturación online implica la generación automática de facturas electrónicas que cumplen con los requisitos legales. En España, las facturas deben incluir datos como:

Factura

Número de factura: 2024-001

Fecha de emisión: 25/11/2024

Emisor:

Nombre: Tienda ejemplo S.L.
Dirección: Calle Rains, Catamere
NIF: B12345678

Receptor:

Nombre: Cercei Mendieta
Dirección: Avenida Lannister 456, Castamere
NIF: 12345678Z

DESCRIPCIÓN	CANTIDAD	PRECIO UNITARIO	BASE IMPONIBLE
Producto A	2	50€	100€
Producto B	1	30€	30€

Base imponible: 130€
IVA (21%): 27.30€
Importe total: 157.30€

- Número de factura: secuencial y sin saltos numéricos.

- Fecha de emisión: día en que se genera la factura.

- Datos fiscales del emisor y receptor: nombre o razón social, dirección y NIF o CIF.

- Descripción de los bienes o servicios: detalle de cada producto con cantidades y precios unitarios.

- Base imponible: importe total antes de impuestos.

- Tipo y cuota de IVA aplicable: según la categoría de los productos (21%, 10% o 4% en España).

- Importe total: suma de la base imponible más los impuestos.

ⓘ Recuerda

Integrar la plataforma de comercio electrónico con un software de facturación permite automatizar este proceso, reduciendo errores y garantizando el cumplimiento legal. Además, facilita el envío de la factura al cliente vía email en formato PDF y el almacenamiento seguro de registros para futuras referencias o auditorías.

4.8 IDENTIFICACIÓN DE LOS MEDIOS DE PAGO OFFLINE: CONTRARREMBOLSO, TRANSFERENCIA, DOMICILIACIÓN BANCARIA

Aunque el comercio electrónico se desarrolla en el entorno digital, ofrecer medios de pago offline amplía las opciones para los clientes que prefieren métodos tradicionales o que no disponen de herramientas de pago online.

▶ **Contrarreembolso:** permite al cliente pagar en efectivo al recibir el producto en su domicilio. Este método es valorado por quienes desconfían de los pagos electrónicos o no poseen tarjetas bancarias. Sin embargo, implica costes adicionales para el vendedor, ya que las empresas de mensajería suelen cobrar una comisión por gestionar el cobro, que puede oscilar entre el 2% y el 5% del importe total. Además, existe el riesgo de devoluciones si el cliente rechaza el pedido en el momento de la entrega.

▶ **Transferencia bancaria:** el cliente realiza una transferencia desde su cuenta bancaria a la cuenta del vendedor. Es un método seguro y ampliamente conocido, pero puede demorar entre 24 y 72 horas en reflejarse el pago, lo que retrasa el envío del producto. Para agilizar el proceso, se puede solicitar al cliente que envíe el comprobante de la transferencia. Es fundamental proporcionar instrucciones claras, incluyendo el IBAN, el titular de la cuenta y el concepto que debe indicar para identificar el pago.

▶ **Domiciliación bancaria:** consiste en autorizar al vendedor a cargar el importe directamente en la cuenta bancaria del cliente. Es común en servicios de suscripción o pagos recurrentes, como plataformas de streaming o servicios públicos. Requiere el consentimiento expreso del cliente y el cumplimiento de las normativas. Aunque menos utilizado en la compra de productos físicos, puede ser una opción en negocios que ofrecen modelos de suscripción o membresías.

Ofrecer estos métodos de pago offline puede incrementar la confianza de ciertos segmentos de clientes y ampliar el alcance del negocio. Sin embargo, es importante evaluar los costes y riesgos asociados a cada uno.

4.9 IDENTIFICACIÓN DE LOS MEDIOS DE PAGO ONLINE: TARJETAS, PAYPAL

Los medios de pago online proporcionan rapidez, seguridad y comodidad tanto para el cliente como para el vendedor. Los más populares son los siguientes:

- **Tarjetas de crédito y débito:** son el método de pago más común en las transacciones online. Integrar una pasarela de pago que acepte tarjetas como Visa, Mastercard o American Express es indispensable. Estas pasarelas deben cumplir con el estándar de seguridad PCI DSS (Payment Card Industry Data Security Standard) y ofrecer sistemas de autenticación como 3D Secure para prevenir fraudes. Empresas como Redsys, Stripe o Adyen proporcionan soluciones adaptadas al mercado español y europeo.

- **PayPal:** es una plataforma de pago electrónico que permite a los usuarios realizar transacciones sin compartir sus datos financieros con el vendedor. PayPal ofrece protección al comprador y al vendedor, gestionando disputas y devoluciones de manera eficiente. Su reconocimiento internacional y facilidad de uso lo convierten en una opción preferida por muchos clientes. Integrar PayPal puede aumentar la confianza y facilitar ventas internacionales, ya que admite múltiples monedas y métodos de pago locales.

Además de estos métodos principales, existen otras opciones de pago online que pueden enriquecer la oferta al cliente:

▸ **Plataformas de pago móvil:** servicios como Apple Pay, Google Pay o Samsung Pay permiten pagos rápidos y seguros desde dispositivos móviles, utilizando tecnología NFC y autenticación biométrica. En España, Bizum ha ganado popularidad, permitiendo transferencias inmediatas entre cuentas bancarias con solo el número de teléfono.

Sitio web de Bizum.

- **Monederos electrónicos y tarjetas prepago:** opciones como Paysafecard o Skrill ofrecen alternativas para clientes que prefieren no utilizar sus cuentas bancarias o tarjetas en línea.

- **Criptomonedas:** aunque su uso es todavía minoritario, aceptar criptomonedas como Bitcoin o Ethereum puede atraer a un nicho específico de mercado y posicionar a la empresa como innovadora.

ⓘ Nota

Es importante considerar factores como las comisiones asociadas, la seguridad, la facilidad de integración y las preferencias del público objetivo al elegir los métodos de pago online a ofrecer. Además, cumplir con las normativas como la PSD2 (Directiva de Servicios de Pago 2) es esencial para garantizar transacciones seguras y legales dentro de la Unión Europea.

4.10 CONOCIMIENTO DE LOS PROCEDIMIENTOS PARA PAGAR POR MÓVIL

El pago por móvil se ha convertido en una herramienta esencial en el comercio electrónico moderno. ¿Qué procedimientos existen para realizar pagos móviles de forma segura y eficiente?

Uno de los métodos más extendidos es el uso de aplicaciones de pago móvil como Apple Pay, Google Pay y Samsung Pay. Estas plataformas permiten a los usuarios vincular sus tarjetas bancarias y realizar transacciones mediante tecnología NFC (Near Field Communication) en puntos de venta físicos y en línea. La autenticación biométrica, como la huella dactilar o el reconocimiento facial, añade una capa adicional de seguridad.

En España, Bizum es una solución popular integrada en las aplicaciones de banca móvil de diversas entidades financieras. Permite realizar transferencias instantáneas entre particulares y pagos en comercios electrónicos utilizando únicamente el número de teléfono del usuario. Con más de 20 millones de usuarios en el país, Bizum se ha consolidado como un método de pago móvil de referencia.

Las wallets digitales como PayPal ofrecen aplicaciones móviles que facilitan pagos sin necesidad de introducir datos financieros en cada transacción. Además, algunas empresas desarrollan sus propias aplicaciones de pago para agilizar el proceso de compra y fidelizar a sus clientes.

Los códigos QR también juegan un papel importante en los pagos móviles. Al escanear un código proporcionado por el comercio, el usuario puede autorizar el pago a través de su aplicación bancaria o de pago preferida. Esta metodología es especialmente relevante en comercios físicos que buscan minimizar el contacto físico en el punto de venta.

Finalmente, los pagos por SMS y la facturación por operador móvil permiten cargar el importe de la compra directamente a la factura telefónica del usuario. Aunque su uso es más común en la adquisición de contenido digital, representan una alternativa para ciertos segmentos del mercado.

Para los comercios en línea, es fundamental integrar estos métodos de pago móvil en sus plataformas. Esto implica garantizar la compatibilidad con dispositivos móviles e implementar pasarelas de pago seguras.

4.11 CONOCIMIENTO DEL M-COMMERCE

El M-Commerce, o comercio móvil, representa la evolución del comercio electrónico adaptado a dispositivos móviles. ¿Por qué es tan relevante en la actualidad?

La proliferación de smartphones y tablets ha transformado los hábitos de consumo. El M-Commerce engloba la venta de productos y también servicios como reservas de viajes, entradas para eventos y compras dentro de aplicaciones.

Para las empresas, el M-Commerce ofrece la oportunidad de llegar a los clientes en cualquier momento y lugar. Sin embargo, también implica retos como adaptar el diseño y la funcionalidad de las plataformas para dispositivos móviles, garantizar tiempos de carga rápidos y ofrecer experiencias de usuario óptimas.

Las características clave del M-Commerce incluyen:

▶ Diseño responsivo: las páginas web deben adaptarse automáticamente al tamaño de la pantalla del dispositivo.

▶ Aplicaciones móviles dedicadas: ofrecen funcionalidades adicionales y una interacción más fluida.

▶ Geolocalización: permite personalizar ofertas y contenidos según la ubicación del usuario.

▶ Notificaciones push: facilitan la comunicación directa y en tiempo real con el cliente.

El M-Commerce también abre la puerta a nuevas formas de interacción, como la realidad aumentada para probar productos virtualmente o los chatbots para atención al cliente instantánea.

4.12 REALIZACIÓN DEL COMERCIO MEDIANTE MÓVIL

Implementar una estrategia efectiva de comercio móvil requiere atención a múltiples aspectos técnicos y de marketing. ¿Cómo pueden las empresas optimizar sus canales móviles para maximizar ventas y satisfacción del cliente?

Es esencial contar con un sitio web optimizado para móviles. Esto implica:

▼ **Velocidad de carga:** utilizar técnicas como la compresión de imágenes y el uso de AMP (Accelerated Mobile Pages) para mejorar la velocidad.

▼ **Experiencia de usuario:** diseñar interfaces intuitivas con botones accesibles, menús desplegables y formularios simplificados.

▼ **Contenido adaptado:** priorizar la información más relevante y utilizar formatos visuales atractivos.

Además, desarrollar una aplicación móvil puede ofrecer ventajas adicionales:

▼ **Acceso offline:** ciertas funcionalidades pueden estar disponibles sin conexión a Internet.

▼ **Personalización avanzada**: basándose en el comportamiento y las preferencias del usuario.

▼ **Integración con funciones del dispositivo:** como la cámara, el micrófono o las notificaciones.

4.13 ASPECTOS LEGALES

El comercio móvil, al igual que el electrónico, está sujeto a una serie de regulaciones que buscan proteger al consumidor y garantizar prácticas comerciales justas. ¿Cuáles son las principales obligaciones legales que deben cumplir las empresas?

En el contexto español y europeo, destacan:

▸ Ley de Servicios de la Sociedad de la Información y del Comercio Electrónico (LSSI-CE): exige que los sitios web y aplicaciones móviles proporcionen información clara sobre el prestador del servicio, incluyendo datos de contacto y condiciones de contratación. También regula el envío de comunicaciones comerciales y el uso de cookies.

▸ Reglamento General de Protección de Datos (RGPD): establece normas estrictas sobre cómo las empresas deben recopilar, procesar y almacenar datos personales. Obliga a obtener el consentimiento explícito del usuario y a permitirle ejercer derechos como el acceso, rectificación y supresión de sus datos.

▸ Ley General para la Defensa de los Consumidores y Usuarios: protege los derechos del consumidor en transacciones en línea, incluyendo información sobre precios, garantías, devoluciones y derecho de desistimiento.

▸ Directiva PSD2: regula los servicios de pago y requiere una autenticación reforzada del cliente en transacciones electrónicas, aumentando la seguridad en los pagos en línea.

Las empresas deben incluir en sus plataformas:

▸ Aviso legal y condiciones de uso: detallando la identidad del prestador, términos y condiciones del servicio.

▸ Política de privacidad: explicando cómo se manejan los datos personales y los derechos del usuario.

▶ Política de cookies: informando sobre el uso de cookies y tecnologías similares, y obteniendo el consentimiento del usuario.

▶ Información clara sobre precios y condiciones de venta: incluyendo impuestos, gastos de envío y políticas de devolución.

El incumplimiento de estas normativas puede resultar en sanciones económicas significativas y dañar la reputación de la empresa. Por ello, es aconsejable contar con asesoramiento legal especializado y mantener actualizadas las políticas en función de los cambios legislativos.

4.14 COMPRENSIÓN DE LAS OBLIGACIONES EN MATERIA DE PROTECCIÓN DE DATOS DE CARÁCTER PERSONAL

La protección de datos personales es un pilar fundamental en el comercio electrónico y móvil. ¿Qué obligaciones tienen las empresas respecto al tratamiento de datos personales según el RGPD?

▸ Obtención del consentimiento informado: antes de recopilar datos personales, es necesario obtener el consentimiento explícito del usuario, informándole claramente sobre la finalidad del tratamiento y sus derechos.

▸ Transparencia en el tratamiento: se debe proporcionar información clara y accesible sobre cómo se utilizarán los datos, evitando términos técnicos complejos.

▸ Derechos de los interesados: facilitar el ejercicio de derechos como el acceso, rectificación, supresión, limitación del tratamiento, portabilidad y oposición.

▸ Seguridad de los datos: implementar medidas técnicas y organizativas adecuadas para proteger los datos contra accesos no autorizados, pérdida o destrucción. Esto incluye el cifrado de datos sensibles y protocolos de seguridad en las comunicaciones.

▶ Notificación de brechas de seguridad: en caso de incidentes que afecten a datos personales, notificar a la Agencia Española de Protección de Datos (AEPD) y, si es necesario, a los afectados, en un plazo máximo de 72 horas.

▶ Evaluaciones de impacto: cuando el tratamiento pueda implicar un alto riesgo para los derechos y libertades de las personas, realizar evaluaciones previas para identificar y mitigar posibles riesgos.

▶ Designación de un Delegado de Protección de Datos (DPO): en ciertos casos, como cuando se manejan categorías especiales de datos o se realiza un seguimiento sistemático a gran escala, es obligatorio nombrar un DPO que supervise el cumplimiento de la normativa.

Además, al transferir datos personales fuera del Espacio Económico Europeo, es necesario asegurarse de que el país destinatario ofrece un nivel de protección adecuado o implementar garantías adicionales, como cláusulas contractuales tipo.

El RGPD también promueve el principio de privacidad desde el diseño y por defecto, lo que implica que la protección de datos debe considerarse desde el inicio en el desarrollo de productos y servicios, y que solo se deben tratar los datos necesarios para cada finalidad específica.

ⓘ Nota

Cumplir con estas obligaciones evita posibles sanciones que pueden alcanzar hasta 20 millones de euros o el 4% del volumen de negocio anual global.

4.15 USO DE COOKIES

Las cookies son pequeños archivos de datos que los sitios web almacenan en el navegador del usuario para recopilar información sobre su actividad en línea. En el comercio electrónico, las cookies desempeñan un papel esencial en la optimización de recursos y en la creación de ingresos. ¿Cómo contribuyen las cookies a mejorar la experiencia del usuario y aumentar las ventas?

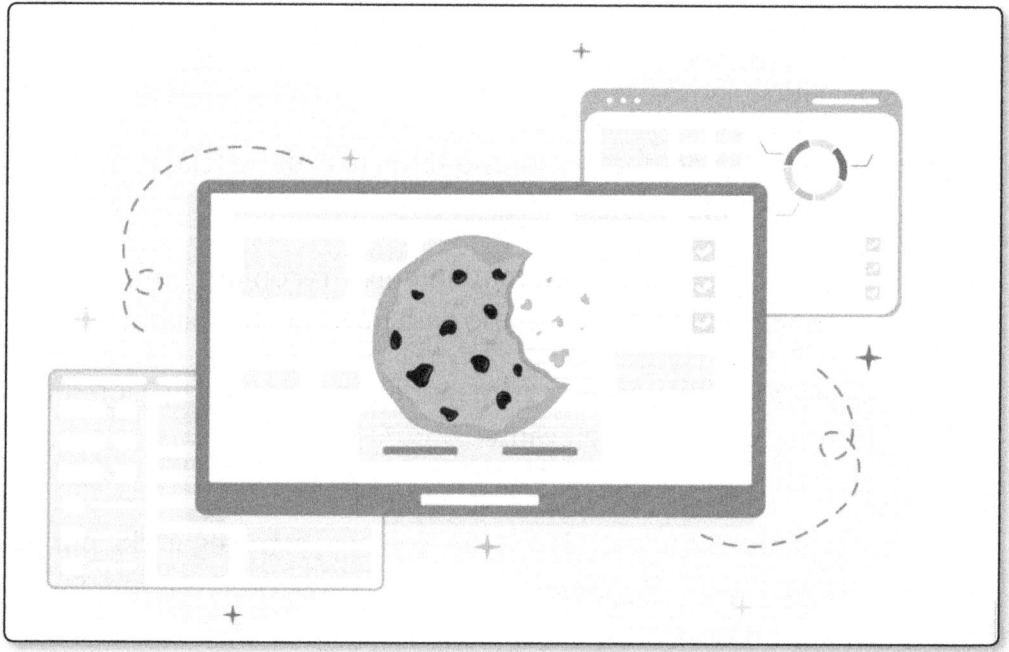

Las cookies permiten a las tiendas en línea:

- Recordar preferencias del usuario: como el idioma seleccionado, la moneda o los artículos añadidos al carrito de compras.

- Personalizar el contenido: mostrar productos y ofertas relevantes basados en el historial de navegación y compras del usuario.

▼ Realizar análisis de comportamiento: recopilar datos sobre cómo los visitantes interactúan con el sitio para mejorar su diseño y funcionalidad.

▼ Gestionar campañas publicitarias: a través de la segmentación y el retargeting, se pueden dirigir anuncios específicos a usuarios que han mostrado interés en ciertos productos.

Es importante distinguir entre diferentes tipos de cookies:

▼ Cookies técnicas o necesarias: esenciales para el funcionamiento del sitio y la prestación de servicios solicitados por el usuario.

▼ Cookies de personalización: adaptan la experiencia del usuario según sus preferencias.

▼ Cookies de análisis o rendimiento: recopilan información anónima sobre el uso del sitio para mejorar su funcionamiento.

▼ Cookies publicitarias: rastrean hábitos de navegación para ofrecer publicidad relevante.

En la Unión Europea, el uso de cookies está regulado por la Directiva ePrivacy y el Reglamento General de Protección de Datos (RGPD). Estas normativas exigen:

▼ Información clara y completa: los sitios web deben informar a los usuarios sobre qué cookies utilizan y con qué finalidad.

▼ Obtención del consentimiento: antes de instalar cookies no esenciales, es obligatorio obtener el consentimiento informado y explícito del usuario.

▼ Facilidad para gestionar cookies: los usuarios deben poder aceptar, rechazar o configurar las cookies según sus preferencias.

Para cumplir con estas obligaciones, es común implementar:

- Banners o avisos de cookies: que aparecen al acceder al sitio y permiten al usuario tomar una decisión informada.

- Políticas de cookies detalladas: accesibles desde cualquier página, proporcionando información exhaustiva sobre el uso de cookies.

El incumplimiento de estas normativas puede resultar en sanciones por parte de autoridades como la Agencia Española de Protección de Datos (AEPD).

4.16 CONTRATACIÓN ONLINE

La contratación online es el proceso mediante el cual se formalizan acuerdos y transacciones comerciales a través de medios electrónicos. En el comercio en internet, es fundamental garantizar que este proceso sea seguro, transparente y cumpla con la legislación vigente.

Los elementos clave en la contratación online son:

- Información precontractual: antes de la compra, se debe proporcionar al usuario información detallada sobre:

- Características esenciales del producto o servicio.

- Precio total, incluidos impuestos y desglosados si corresponde.

- Gastos de envío y otras posibles tarifas adicionales.

- Formas de pago aceptadas.

- Condiciones de entrega y plazos.

- Política de devoluciones y derecho de desistimiento.

▼ Proceso de compra claro y sencillo:

- Pasos identificables: el usuario debe saber en qué etapa del proceso se encuentra y qué acciones debe realizar.

- Revisión y confirmación: antes de finalizar la compra, se debe ofrecer un resumen del pedido para que el usuario pueda verificar y corregir posibles errores.

- Aceptación de términos y condiciones: es obligatorio que el usuario confirme que ha leído y acepta las condiciones generales de contratación.

▼ Confirmación de la contratación:

- Tras completar el pedido, se debe enviar al usuario una confirmación electrónica (normalmente vía email) que incluya todos los detalles de la transacción.

- Esta confirmación actúa como comprobante de la compra y es necesaria para futuras referencias o reclamaciones.

▼ Protección de datos y seguridad:

- Garantizar la seguridad de las transacciones mediante protocolos como SSL/TLS.

- Cumplir con el RGPD, protegiendo los datos personales del usuario y permitiéndole ejercer sus derechos.

▼ Aspectos legales para considerar:

- Ley de Servicios de la Sociedad de la Información y del Comercio Electrónico (LSSI-CE): regula las obligaciones de los prestadores de servicios en línea en España.

- Derecho de desistimiento: el consumidor tiene derecho a cancelar el contrato dentro de un plazo de 14 días naturales sin necesidad de justificar su decisión.

- Conservación de contratos: el vendedor debe almacenar el contrato electrónico y facilitar su acceso al cliente si este lo solicita.

4.17 CONOCIMIENTO ACERCA DE CUESTIONES SOBRE ENTREGA, DEVOLUCIONES, ETC

La gestión eficiente de las entregas y devoluciones es vital para la satisfacción del cliente y la reputación de la tienda en línea. ¿Qué aspectos deben considerarse para optimizar estos procesos?

Entrega de productos

Plazos de entrega realistas:

▸ Informar claramente sobre los tiempos estimados de envío y entrega.

▸ Ofrecer opciones de envío (estándar, exprés) para adaptarse a las necesidades del cliente.

Costes de envío transparentes:

▸ Mostrar los gastos de envío desde el inicio del proceso de compra.

▸ Considerar promociones como envío gratuito a partir de cierto importe.

Seguimiento de pedidos:

▸ Proporcionar un número de seguimiento y actualizaciones sobre el estado del envío.

▸ Comunicarse proactivamente ante posibles retrasos o incidencias.

Política de devoluciones y derecho de desistimiento

Política clara y accesible:

▸ Detallar las condiciones, plazos y procedimientos para realizar devoluciones.

▸ Especificar quién asume los costes de devolución (el vendedor o el cliente).

Procedimiento sencillo:

▸ Facilitar la solicitud de devolución a través de la web o servicio de atención al cliente.

▸ Proporcionar etiquetas de devolución o instrucciones claras para el envío.

Reembolsos rápidos:

▸ Realizar el reembolso en el mismo medio de pago utilizado por el cliente.

▸ Cumplir con el plazo legal de 14 días naturales desde la recepción del producto devuelto.

Atención al cliente y servicio postventa

Canales de comunicación efectivos:

▸ Ofrecer atención vía email, teléfono, chat en vivo o redes sociales.

▸ Responder de manera ágil y profesional a consultas y reclamaciones.

Información actualizada:

▸ Mantener al cliente informado sobre el estado de su pedido, devoluciones o cualquier incidencia.

Garantías y productos defectuosos

Garantía legal:

▸ Los productos nuevos cuentan con una garantía mínima de tres años en España.

▸ Informar al cliente sobre sus derechos y el proceso para gestionar reparaciones o sustituciones.

Productos excluidos:

▸ Algunos bienes, como productos personalizados o perecederos, pueden estar exentos del derecho de desistimiento.

▸ Comunicar claramente estas excepciones antes de la compra.

Logística y optimización de recursos

Alianzas con empresas de transporte:

▼ Trabajar con proveedores logísticos fiables que ofrezcan buenas condiciones y servicios adicionales.

▼ Integrar sistemas para automatizar el proceso de envío y seguimiento.

Gestión de inventario:

▼ Mantener un control preciso del stock para evitar ventas de productos no disponibles.

▼ Implementar sistemas de alerta para reponer mercancías a tiempo.

Sostenibilidad en la entrega:

▼ Utilizar embalajes reciclables o biodegradables.

▼ Ofrecer opciones de envío ecológicas, como entregas en bicicleta o puntos de recogida.

PRUEBA DE AUTOEVALUACIÓN

PREGUNTAS TIPO TEST

1. **¿Cuál de las siguientes plataformas SaaS es conocida por su facilidad de uso y soporte técnico integral?**

   a) PrestaShop.

   b) Shopify. (correcta)

   c) WooCommerce.

2. **¿Qué normativa regula la protección de datos personales en la Unión Europea?**

   a) LSSI-CE.

   b) RGPD. (correcta)

   c) PSD2.

3. **¿Qué porcentaje de IVA se aplica generalmente a los libros en España?**

   a) 21%.

   b) 10%.

   c) 4%. (correcta)

4. **¿Cuál de las siguientes pasarelas de pago es más conocida por su protección al comprador?**

   a) PayPal. (correcta)

   b) Redsys.

   c) Stripe.

5. **¿Qué método de pago offline permite pagar al recibir el producto?**

   a) Transferencia bancaria.

   b) Contrarreembolso. (correcta)

   c) Bizum.

6. **¿Qué herramienta ayuda a optimizar la visibilidad en motores de búsqueda?**

   a) Yoast SEO. (correcta)

   b) SendCloud.

   c) Odoo.

7. ¿Cuál de las siguientes es una plataforma de comercio electrónico basada en código abierto?

a) Shopify.

b) WooCommerce. (correcta)

c) Bizum.

8. ¿Qué término describe la protección de datos desde el diseño?

a) Transparencia en el tratamiento.

b) Privacidad por defecto.

c) Privacidad desde el diseño. (correcta)

9. ¿Cuál de estas opciones NO es un marketplace?

a) Amazon.

b) eBay.

c) WooCommerce. (correcta)

10. ¿Qué documento informa a los usuarios sobre el uso de cookies en un sitio web?

a) Política de cookies. (correcta)

b) Política de privacidad.

c) Aviso legal.

FRASES PARA COMPLETAR

1. La plataforma _____ es ideal para negocios pequeños por su facilidad de uso.

2. El certificado _____ asegura la seguridad de las transacciones en línea.

3. En España, el IVA aplicado a los productos electrónicos es del _____ .

4. El método de pago _____ permite transferencias instantáneas entre cuentas bancarias.

5. _____ es una herramienta que mejora el posicionamiento SEO en WordPress.

Respuestas

1. Shopify

2. SSL

3. 21%

4. Bizum

5. Yoast SEO

PREGUNTAS DE RESPUESTA CORTA

1. ¿Qué factores se deben considerar al elegir una plataforma de comercio electrónico?

Es fundamental evaluar aspectos como el costo, facilidad de uso, capacidad de personalización y necesidades específicas del negocio. Las plataformas SaaS, como Shopify, son ideales para quienes buscan una solución rápida con soporte técnico, mientras que opciones de código abierto como WooCommerce ofrecen flexibilidad a cambio de mayor complejidad técnica. También se deben considerar características como la integración con métodos de pago, herramientas de marketing y cumplimiento normativo.

2. ¿Qué ventajas ofrece la integración de una tienda en línea con un ERP?

La integración con un ERP permite sincronizar inventarios, gestionar pedidos y actualizar información financiera en tiempo real. Esto evita errores manuales, mejora la eficiencia operativa y proporciona datos precisos para la toma de decisiones. Además, facilita el cumplimiento de obligaciones fiscales al automatizar el cálculo y registro de impuestos.

3. ¿Por qué es importante el uso de certificados SSL en el comercio electrónico?

Los certificados SSL cifran la información transmitida entre el cliente y el servidor, garantizando la seguridad de los datos personales y financieros. Esto protege contra posibles ataques y aumenta la confianza del usuario, lo que puede mejorar las tasas de conversión y el posicionamiento SEO del sitio web.

4. ¿Qué consideraciones legales deben tenerse en cuenta en el comercio móvil?

Es esencial cumplir con normativas como el RGPD, que regula el tratamiento de datos personales, y la LSSI-CE, que exige información clara sobre el prestador del servicio. Además, se debe garantizar la seguridad en las transacciones mediante certificados SSL y proporcionar al usuario derechos como el desistimiento y el acceso a términos de uso claros.

5. ¿Cuáles son los métodos más populares para realizar pagos por móvil en España?

En España, los métodos más comunes incluyen Bizum, Apple Pay, Google Pay y PayPal. Bizum permite transferencias instantáneas con solo un número de teléfono, mientras que Apple Pay y Google Pay ofrecen transacciones rápidas y seguras mediante NFC. PayPal destaca por su protección al comprador y facilidad de uso tanto en dispositivos móviles como en web.

Actividades optativas finales

1. Escribe un ensayo: el futuro del comercio digital y las tecnologías emergentes

Escribe un ensayo de 1.000 palabras sobre cómo las tecnologías emergentes, como la Web 3.0 y el blockchain, transformarán el comercio digital en los próximos 20 años. Incluye posibles beneficios, desafíos y ejemplos de sectores que serán más impactados, como el retail, la logística y la banca.

2. Presentación: evolución del comercio digital desde la década de 1990

Realiza una presentación de 10 diapositivas que ilustre la evolución del comercio digital desde los años 90 hasta la actualidad. Incluye hitos clave, figuras relevantes en la industria tecnológica y avances como el surgimiento de marketplaces, el comercio móvil y las redes sociales.

3. Práctica en eCommerce: creación de una tienda virtual básica

Utiliza una plataforma como Shopify o WooCommerce para diseñar una tienda virtual básica. Documenta el proceso desde la configuración inicial, la inclusión de productos y catálogos, hasta la integración de métodos de pago y la optimización para SEO. Presenta un informe con capturas de pantalla y los resultados obtenidos.

4. Resumen: análisis del impacto de la digitalización en pequeñas y medianas empresas (pymes)

Lee un artículo reciente sobre cómo la digitalización está transformando las pymes y escribe un resumen de 500 palabras. Incluye reflexiones sobre cómo herramientas como CRMs, plataformas de eCommerce y sistemas de análisis de datos están ayudando a mejorar la competitividad de estas empresas, y los desafíos que enfrentan.

5. Entrada de blog: las herramientas digitales en el día a día empresarial

Escribe una entrada de blog de 800 palabras sobre cómo herramientas como el Cloud Computing, los sistemas CRM, los chatbots y las plataformas de eCommerce están integrándose en las actividades empresariales cotidianas. Ofrece ejemplos prácticos y reflexiona sobre su impacto en la eficiencia operativa y la experiencia del cliente.

6. Desarrollo práctico: creación de un chatbot para una tienda online

Utiliza una plataforma como Dialogflow o IBM Watson para desarrollar un chatbot que responda preguntas frecuentes sobre una tienda online ficticia. Documenta el proceso de configuración, personalización de respuestas y evaluación del desempeño del chatbot en un informe detallado.

7. Análisis de datos: opiniones sobre plataformas de comercio digital

Utiliza herramientas de análisis de sentimiento en Procesamiento de Lenguaje Natural (PLN) para estudiar comentarios o reseñas de clientes sobre plataformas como Amazon o Shopify. Presenta los hallazgos en un informe de 500 palabras, destacando las tendencias positivas y negativas, y sugiriendo mejoras basadas en los resultados.

8. Informe: ética en el comercio digital y el manejo de datos

Investiga las consideraciones éticas relacionadas con el comercio digital, como la protección de datos, la privacidad, la transparencia en los precios y las prácticas sostenibles. Escribe un informe de 1.000 palabras que discuta estos temas, incluya ejemplos de buenas prácticas y proponga recomendaciones para mejorar la confianza y la ética en el sector.

Resumen

El comercio digital implica la adopción de tecnologías avanzadas como la Web 2.0, que facilita la interacción y colaboración entre usuarios y empresas, y la digitalización de procesos internos mediante herramientas como CRMs, plataformas de e-commerce y sistemas de administración electrónica. Estas estrategias optimizan la eficiencia operativa y reducen costes al automatizar tareas, mejorar la gestión del tiempo y simplificar procesos como facturación, atención al cliente y logística. Tecnologías como el Cloud Computing y el software libre destacan por ofrecer soluciones escalables con menores inversiones iniciales.

Las tecnologías como VoIP, videoconferencias y chatbots facilitan la interacción remota, eliminando costes de desplazamientos y agilizando la atención. Los sistemas CRM permiten segmentar clientes y personalizar campañas de marketing, mientras que programas de fidelización y encuestas de satisfacción fomentan la retención, más económica que adquirir nuevos clientes. Además, las herramientas de análisis de datos optimizan las decisiones estratégicas, asignando recursos a actividades con mayor retorno de inversión.

El cumplimiento de normativas, como el RGPD, es clave para proteger los datos de los usuarios y generar confianza. La digitalización de la atención al cliente mediante foros, chats en línea y sistemas de tickets centralizados mejora la gestión de quejas y protege la reputación empresarial. Marketplaces y programas de afiliación son herramientas útiles para maximizar la rentabilidad y alcanzar una base de clientes más amplia.

El uso de redes sociales, estrategias de SEO y contenidos interactivos asegura la sostenibilidad del negocio. Capacitar al equipo, automatizar procesos y analizar el mercado permite adaptarse a las tendencias. Herramientas como el Marketing 2.0 aprovechan el entorno digital para incrementar la visibilidad y captar clientes potenciales mediante SEO, SEM, email marketing y publicidad gráfica.

El análisis de resultados con herramientas como Google Analytics ajusta estrategias para maximizar el ROI. La gestión del eCommerce requiere plataformas intuitivas, catálogos optimizados y logística eficiente, mientras que el eBranding refuerza la identidad digital a través de una comunicación coherente en redes sociales. Herramientas de eCommunication como chatbots y correos automatizados mejoran la interacción con los clientes, fortaleciendo su fidelización.

Las redes sociales son fundamentales para interactuar con clientes, utilizando chatbots y segmentación de audiencias para personalizar mensajes. El Social Media Plan prioriza contenido relevante que genere engagement mediante narrativas, storytelling y el uso de herramientas analíticas.

Crear contenido de valor optimizado con SEO y adaptado a cada plataforma, colaborar con influencers y utilizar tendencias virales son estrategias clave para maximizar el alcance. Los blogs corporativos refuerzan la autoridad y mejoran el posicionamiento SEO, mientras que los microblogs fomentan interacciones rápidas y auténticas.

Definir objetivos claros, seleccionar plataformas adecuadas y crear contenido relevante son elementos esenciales para una gestión eficiente. Los formatos publicitarios deben adaptarse a la campaña y al público, desde anuncios en el feed hasta historias y vídeos interactivos.

Garantizar calidad en productos y servicios, incentivar valoraciones y gestionar críticas con empatía refuerza la confianza del cliente. Monitorizar activamente menciones y tendencias permite responder rápido y evitar escaladas de problemas.

Un protocolo claro de resolución de crisis incluye identificación temprana, respuestas transparentes y medidas correctivas. La Web 3.0 redefine el marketing con tecnologías como blockchain, inteligencia artificial y el metaverso, ofreciendo personalización avanzada y experiencias inmersivas.

Crear una tienda virtual requiere elegir plataformas adecuadas como Shopify o WooCommerce, implementar métodos de pago seguros y cumplir con normativas como el RGPD. Los marketplaces, como Amazon y eBay, ofrecen mayor visibilidad, herramientas tecnológicas y conveniencia para los clientes.

Ampliar métodos de pago, garantizar seguridad con SSL y simplificar el checkout mejora la experiencia del usuario. Los pagos online deben cumplir con PCI DSS y ofrecer soluciones modernas como Bizum o criptomonedas.

El comercio móvil (M-Commerce) integra diseño responsivo, notificaciones push y optimización para dispositivos móviles. Cumplir normativas como el RGPD y la Ley de Consumidores y Usuarios asegura la transparencia en los procesos de contratación, protección de datos y entrega de productos.

La protección de datos exige consentimientos claros, seguridad mediante cifrado y notificación de brechas en 72 horas. Las cookies deben usarse con transparencia, garantizando el cumplimiento de la normativa europea.

Las devoluciones requieren políticas claras, procedimientos simples y reembolsos rápidos. Optar por embalajes ecológicos y entregas sostenibles refuerza la responsabilidad social de la empresa.

Prueba de evaluación final

1. **¿Qué tecnología facilita la interacción y colaboración en el comercio digital mediante herramientas como foros y redes sociales?**

   a) Web 1.0.

   b) Blockchain.

   c) Web 2.0. (correcta)

2. **¿Cuál de estas herramientas es un ejemplo de un sistema CRM?**

   a) PayPal.

   b) WordPress.

   c) HubSpot. (correcta)

3. **¿Qué beneficio aporta el uso del Cloud Computing en el comercio digital?**

   a) Proporciona soluciones escalables. (correcta)

   b) Requiere menos seguridad.

   c) Aumenta los gastos iniciales.

4. ¿Cuál es una ventaja clave de los programas de fidelización?

a) Incrementan el uso de redes sociales.

b) Facilitan el marketing de influencers.

c) Mejoran la retención de clientes. (correcta)

5. ¿Qué normativa regula la protección de datos personales en España?

a) PSD2.

b) RGPD. (correcta)

c) LSSI-CE

6. ¿Qué herramienta permite monitorizar menciones y tendencias en tiempo real?

a) Hootsuite. (correcta)

b) Shopify.

c) Google Analytics.

7. ¿Qué es un marketplace?

a) Un CRM avanzado.

b) Una plataforma para conectar vendedores y compradores. (correcta)

c) Una herramienta de SEO.

8. ¿Qué aspecto importante debe considerar un comercio digital para cumplir con el RGPD?

a) Garantizar el consentimiento informado de los usuarios. (correcta)

b) Diseñar un catálogo de productos atractivo.

c) Ofrecer múltiples métodos de pago.

9. ¿Qué formato publicitario en redes sociales permite mostrar múltiples productos en una sola publicación?

a) Historias.

b) Anuncios "in-stream".

c) Carrusel. (correcta)

10. ¿Qué estrategia ayuda a las empresas a mejorar su visibilidad orgánica en buscadores?

a) Marketing viral.

b) SEO. (correcta)

c) SEM.

11. ¿Qué herramienta facilita la automatización del análisis de datos en comercio digital?

a) Google Analytics. (correcta)

b) Hootsuite.

c) Shopify.

12. ¿Qué tecnología permite transacciones rápidas desde dispositivos móviles?

a) QR o pagos móviles. (correcta)

b) Transferencia bancaria.

c) Contrarreembolso.

13. **¿Qué enfoque ayuda a adaptar las estrategias de marketing al comportamiento de los usuarios?**

a) Programas de fidelización.

b) Chatbots.

c) Análisis de datos. (correcta)

14. **¿Qué normativa regula las cookies en el entorno digital europeo?**

a) Regulación sobre Privacidad y Comunicaciones Electrónicas. (correcta)

b) PSD2.

c) Ley de Comercio Electrónico.

15. **¿Cuál es un ejemplo de método de pago offline?**

a) Bizum.

b) Contrarreembolso. (correcta)

c) PayPal.

16. **¿Qué actividad requiere configurar un chatbot para responder preguntas frecuentes?**

a) Desarrollo práctico en plataformas como Dialogflow. (correcta)

b) Creación de contenido viral.

c) Gestión de blogs.

17. ¿Qué mejora la interacción con clientes en tiempo real en las redes sociales?

a) Campañas de SEO.

b) Chatbots. (correcta)

c) Uso de marketplaces.

18. ¿Qué estrategia fomenta la conexión emocional con la audiencia?

a) SEM.

b) Storytelling. (correcta)

c) Publicidad gráfica.

19. ¿Qué es una SSL en el contexto del comercio digital?

a) Una plataforma de eCommerce.

b) Un sistema de pago móvil.

c) Un certificado de seguridad para cifrar datos. (correcta)

20. ¿Qué ventaja ofrece el uso de métodos de pago como PayPal en ventas internacionales?

a) Comisiones más bajas.

b) Flexibilidad y seguridad en las transacciones. (correcta)

c) Menor tiempo de integración.

Glosario

- **Adblocker:** Software que bloquea la visualización de anuncios en páginas web.

- **Administración electrónica:** uso de herramientas digitales para realizar gestiones con instituciones públicas.

- **Affiliate Marketing:** estrategia en la que un negocio paga comisiones a afiliados por generar ventas o tráfico a través de sus enlaces.

- **Analítica web:** estudio de datos generados por la interacción de los usuarios con un sitio web para optimizarlo.

- **B2G (Business to Government):** modelo de negocio en el que las empresas venden productos o servicios a entidades gubernamentales.

- **Banca electrónica:** servicio que permite a los usuarios gestionar cuentas bancarias, realizar transferencias y pagos mediante internet.

- **Behavioral Targeting:** segmentación publicitaria basada en el comportamiento del usuario en línea.

- **Benchmarking:** proceso de análisis comparativo con competidores para identificar áreas de mejora.

- **Big Data:** conjunto de datos masivos que pueden ser analizados para obtener patrones y tomar decisiones informadas.

- **Black Hat SEO:** estrategias no éticas o fraudulentas para mejorar el posicionamiento en buscadores.

- **Breadcrumbs:** elementos de navegación que muestran al usuario la ubicación dentro de la estructura de un sitio web.

- **Breadcrumbs:** navegación jerárquica que facilita al usuario saber en qué sección del sitio web se encuentra.

- **C2C (Consumer to Consumer):** modelo de comercio electrónico en el que los consumidores venden productos entre ellos.

- **Cacheo web:** almacenamiento temporal de datos de una página web para mejorar la velocidad de carga.

- **Call to Action (CTA):** elemento de una página web que invita al usuario a realizar una acción específica, como "Comprar ahora".

- **Captcha:** prueba de seguridad que distingue entre usuarios humanos y bots.

- **Chatbots:** programas que simulan conversaciones humanas para atender consultas o automatizar tareas.

- **Clickbait:** títulos o enlaces diseñados para atraer clics, generalmente con contenido poco relacionado.

- **Cloud Computing:** modelo de prestación de servicios informáticos a través de internet, basado en el pago por uso y la escalabilidad.

- **Código abierto (Open Source):** Software cuyo código fuente está disponible para que los usuarios puedan modificarlo y distribuirlo.

- **Cookies:** pequeños archivos que los sitios web almacenan en el dispositivo del usuario para guardar preferencias o rastrear comportamientos.

- **CPA (Coste por Adquisición):** métrica que mide cuánto cuesta adquirir un cliente a través de una campaña publicitaria.

- **CPM (Coste por Mil):** costo por cada mil impresiones de un anuncio.

- **CRM (Customer Relationship Management):** Software o estrategia para gestionar relaciones con clientes y mejorar la experiencia.

- **CRO (Conversion Rate Optimization):** optimización de la tasa de conversión mediante cambios en el diseño o contenido de un sitio web.
- **CTR (Click Through Rate):** métrica que mide el porcentaje de clics en un anuncio o enlace en comparación con las veces que se muestra.
- **CTR (Click Through Rate):** relación entre el número de clics en un enlace y las veces que se muestra.
- **CTR (Click-Through Rate):** porcentaje de personas que hacen clic en un enlace en comparación con las que lo ven.
- **CTR (Click-Through Rate):** relación entre los clics que recibe un anuncio y las veces que se muestra.
- **CTR Benchmark:** promedio de clics en un sector o industria específico utilizado para evaluar el rendimiento.
- **Customer Journey Map:** representación visual de los puntos de contacto entre un cliente y una marca.
- **Dark Patterns:** técnicas de diseño engañosas que manipulan a los usuarios para realizar acciones no deseadas.
- **Dark Social:** tráfico web que no puede ser rastreado por herramientas analíticas porque proviene de mensajes privados o aplicaciones de chat.
- **Digitalización:** proceso de transformación de actividades y procesos tradicionales hacia un entorno digital.
- **Display Advertising:** publicidad gráfica en internet que incluye banners, vídeos y otros formatos visuales.
- **Dropshipping:** modelo de negocio en el que el vendedor no almacena inventario, sino que envía los pedidos directamente desde el proveedor.

- **Dynamic Pricing:** estrategia de precios flexibles basados en la demanda, competencia o comportamiento del usuario.

- **E-commerce:** comercio electrónico; transacciones comerciales realizadas a través de internet.

- **Email Marketing:** uso del correo electrónico como canal para promocionar productos, servicios o contenido relevante.

- **Embudo de conversión:** serie de pasos que un usuario sigue para convertirse en cliente.

- **Empresa 2.0:** organización que utiliza herramientas de la Web 2.0 para mejorar la comunicación, la colaboración y la eficiencia en sus procesos internos y externos.

- **E-procurement:** proceso de adquisición de bienes y servicios mediante plataformas electrónicas.

- **E-wallet:** cartera electrónica que permite realizar pagos en línea de forma segura.

- **Freemium:** modelo de negocio que ofrece servicios básicos gratuitos y opciones premium de pago.

- **Funnel de ventas:** representación del proceso de conversión de visitantes en clientes, desde la atracción hasta la venta final.

- **Gamificación:** uso de elementos de juego para motivar y comprometer a los usuarios en entornos no lúdicos.

- **Geofencing:** tecnología que utiliza la ubicación para enviar mensajes personalizados al entrar o salir de un área específica.

- **Geomarketing:** uso de datos de ubicación para diseñar estrategias de marketing personalizadas.

- **Geotargeting:** estrategia de segmentación que utiliza la ubicación geográfica para personalizar contenido o publicidad.

▸ **Growth Hacking:** estrategia de marketing basada en el uso de métodos creativos y de bajo costo para lograr un crecimiento acelerado.

▸ **Hard Bounce:** email que no puede ser entregado debido a direcciones inválidas o inexistentes.

▸ **Heatmap:** herramienta de análisis que muestra cómo interactúan los usuarios con una página mediante mapas de calor.

▸ **Inbound Marketing:** estrategia de marketing que busca atraer clientes a través de contenido relevante y de calidad.

▸ **Influencers:** personas con gran audiencia en redes sociales que promocionan productos o servicios.

▸ **KPIs (Key Performance Indicators):** indicadores clave de rendimiento utilizados para medir el éxito de estrategias y campañas digitales.

▸ **Landing Page:** página de aterrizaje diseñada para convertir visitantes en clientes o leads.

▸ **Lead Nurturing:** proceso de construcción de relaciones con leads para convertirlos en clientes.

▸ **Lead:** persona o empresa que ha mostrado interés en un producto o servicio, dejando información de contacto.

▸ **Linkbuilding:** estrategia SEO enfocada en conseguir enlaces externos de calidad hacia una página web.

▸ **Long Tail Keywords:** palabras clave específicas y de menor competencia que atraen tráfico altamente segmentado.

▸ **Marketing viral:** estrategia que busca generar contenido atractivo que los usuarios compartan masivamente de forma orgánica.

▸ **Marketplace:** plataforma en línea donde diferentes vendedores ofrecen productos o servicios a clientes.

▸ **M-commerce:** comercio móvil; realización de transacciones comerciales mediante dispositivos móviles como smartphones y tablets.

- **Metadatos:** información descriptiva sobre un archivo o recurso que ayuda a los buscadores a entender su contenido.

- **Microsite:** pequeño sitio web independiente que complementa una estrategia de marketing específica.

- **Normativa RGPD:** Reglamento General de Protección de Datos, ley europea que regula el tratamiento de datos personales.

- **Omnicanalidad:** integración de múltiples canales de comunicación y venta para ofrecer una experiencia de cliente consistente.

- **Open Rate:** métrica que indica el porcentaje de correos electrónicos abiertos por los destinatarios.

- **Outbound Marketing:** estrategia tradicional que involucra anuncios pagados para captar la atención de los clientes.

- **PayPal:** plataforma de pagos en línea que permite realizar transacciones electrónicas seguras.

- **Performance Marketing:** estrategia publicitaria basada en pagar únicamente por resultados obtenidos, como clics o ventas.

- **Pixel de conversión:** fragmento de código que registra conversiones en una página.

- **PPC (Pay Per Click):** modelo publicitario en el que el anunciante paga por cada clic recibido en su anuncio.

- **Push Notifications:** notificaciones emergentes enviadas a usuarios en dispositivos móviles o navegadores.

- **Redes sociales:** plataformas digitales que permiten la interacción entre usuarios y marcas a través de la publicación de contenidos.

- **Remarketing:** estrategia para volver a impactar a usuarios que visitaron un sitio web pero no completaron una acción deseada.

- **Responsive Design:** diseño web que se adapta automáticamente a diferentes tamaños de pantalla y dispositivos.

▰ **Retargeting:** técnica de marketing que muestra anuncios a usuarios que previamente visitaron un sitio web.

▰ **Rich Snippets:** fragmentos enriquecidos que muestran información adicional en los resultados de búsqueda.

▰ **ROI (Return on Investment):** retorno de inversión; mide el beneficio obtenido en relación al coste invertido en una acción.

▰ **SaaS (Software as a Service):** modelo de software basado en la suscripción, donde las aplicaciones están alojadas en la nube.

▰ **Scrapping:** técnica de extracción de datos de sitios web.

▰ **SEM (Search Engine Marketing):** uso de campañas publicitarias pagadas en motores de búsqueda para mejorar la visibilidad de un sitio web.

▰ **SEO (Search Engine Optimization):** estrategia para optimizar una página web y mejorar su posición en los resultados orgánicos de buscadores como Google.

▰ **Shipping:** gestión del envío y entrega de productos adquiridos en línea.

▰ **Smart Bidding:** tecnología de Google Ads que ajusta automáticamente las pujas basándose en datos del usuario.

▰ **Social Media Plan:** estrategia planificada para gestionar la presencia de una marca en redes sociales.

▰ **Social Proof:** estrategia que utiliza pruebas sociales, como opiniones de clientes, para generar confianza.

▰ **Soft Bounce:** Email que no puede ser entregado temporalmente debido a problemas como bandejas llenas.

▰ **Split Testing:** método de comparación entre dos versiones de una página o anuncio para determinar cuál funciona mejor.

▶ **SSL Certificate:** certificado de seguridad que cifra la información transmitida entre el navegador y el servidor.

▶ **SSL/TLS:** protocolos de seguridad que cifran la información transmitida en internet para protegerla.

▶ **Tasa de conversión:** porcentaje de visitantes de un sitio web que realizan una acción deseada, como una compra.

▶ **Thin Content:** contenido poco útil o irrelevante que no aporta valor al usuario ni a los buscadores.

▶ **UI (User Interface):** interfaz de usuario; diseño visual e interactivo de una página o aplicación.

▶ **User Journey:** camino que sigue un usuario desde su primer contacto con una marca hasta la conversión.

▶ **UX (User Experience):** experiencia del usuario; percepción general de una persona al interactuar con un sitio web o aplicación.

▶ **VoIP (Voice over Internet Protocol):** tecnología que permite realizar llamadas telefónicas a través de internet.

▶ **Web 2.0:** segunda generación de la web caracterizada por la interacción del usuario, permitiendo la creación y compartición de contenidos mediante blogs, redes sociales y foros.

▶ **White Hat SEO:** prácticas de optimización de motores de búsqueda que cumplen con las directrices establecidas por Google.

SÍGUENOS EN INSTAGRAM Y ACCEDE GRATIS A NUESTRA BIBLIOTECA DIGITAL DURANTE 30 DÍAS.

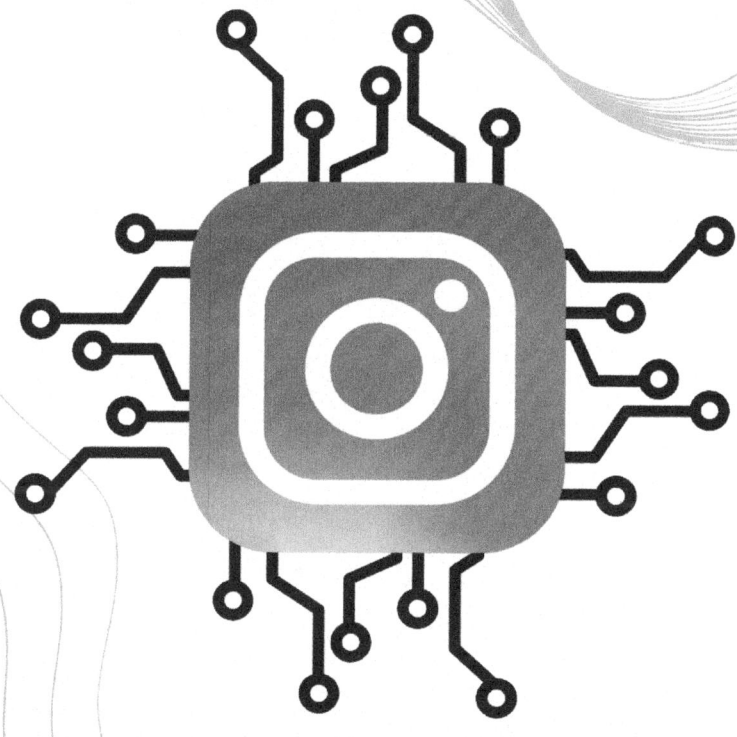

@grupoeditorialrama

¡ENVIANOS TU MAIL POR PRIVADO!

Grupo Editorial
ra-ma

40 ANIVERSARIO